Alexander von Padberg

Haussprüche und Inschriften in Deutschland, in Österreich und in der Schweiz

Alexander von Padberg

Haussprüche und Inschriften in Deutschland, in Österreich und in der Schweiz

ISBN/EAN: 9783743351363

Hergestellt in Europa, USA, Kanada, Australien, Japan

Cover: Foto ©ninafisch / pixelio.de

Manufactured and distributed by brebook publishing software (www.brebook.com)

Alexander von Padberg

Haussprüche und Inschriften in Deutschland, in Österreich und in der Schweiz

Haussprüche und Inschriften

in Deutschland, in Oesterreich

und

in der Schweiz.

Gesammelt

von

Alexander von Padberg.

Zweite, vermehrte Auflage.

Paderborn.
Druck und Verlag von Ferdinand Schöningh.
1898.
Zweigniederlassungen: Münster, Osnabrück und Mainz.

Inhalt.

	Seite
Einleitung	V
Kirche	1
Glocke	9
Gottesacker und Grab	14
Rathhaus	33
Schulhaus	41
Andere öffentliche Gebäude und Denkmäler	45
Herberge und Wirthshaus	49
Handwerk und Gewerbe	62
Brunnen	68
Wohnhaus:	
Draußen	69
Wohnhaus:	
Unter Dach und Fach	115
Um Ofen	122
In der Schlafkammer. An Wand und Bett	125

Einleitung.

Vor beinahe fünfzig Jahren hat W. H. Riehl, neben Justus Möser der größte deutsche Socialpolitiker, das Folgende geschrieben:

„Es ist eine alte schöne Sitte, das Haus innen und außen mit ernsten und heiteren Versen und Sprüchen zu schmücken. Wo die alte Sitte des Hauses, Volkstracht und volksthümlicher Häuserbau bewahrt bleiben, da blüht auch meist solche Sprachdichtung noch. Dieser Hausschatz deutscher Spruchverse ist in seiner Art nicht minder reich an lauterem Golde wie das eigentliche Volkslied. Ich getraute mir wohl ein kleines Büchlein zusammenzustellen voll sinniger Weisheit aus dem Volksmunde, voll beschaulicher und erbaulicher, naiver und drolliger Verse, die alle nur von Hausthüren und Innen- und Außenwänden deutscher Bauernhäuser abgeschrieben sein sollten." (Die Familie, S. 187.)

Sammlungen dieser Art sind seitdem etliche erschienen. Bekannt sind mir geworden: Deutsche Inschriften an Haus und Geräth. Vierte Auflage. Berlin, Wilhelm Hertz. 1882.

Schweizerische Haussprüche. Von Otto Sutermeister. Zürich, 1860.

Haussprüche aus den Alpen. Von Ludwig von Hörmann. Leipzig, 1892.

Grabschriften und Marterlen. Von demselben. Leipzig, 1893.

Grabschriften und Marterlen. Von demselben. Leipzig, 1894.

Hildesheimer Haussprüche. Von Buhlers. Zeitschrift des Harzvereins für Geschichte und Alterthumskunde. Jahrgang 1892 S. 423, 1893 S. 415, 1894 S. 210.

Sammlung von Sprüchen und Inschriften in Lübeck. Von August Düffer. Lübeck, bei Heinrich Oldenburg.

Sie enthalten Gutes und weniger Gutes und mancherlei Wiederholungen. Denn die meisten dieser Hausverse sind ein Gemeingut des Volkes und finden sich mit Abweichungen in den entlegensten Gegenden wieder.

Was die genannten Sammlungen Gutes enthalten, habe ich mit strenger Sorgfalt ausgewählt und nur das genommen, dessen Heimath angegeben ist. Ich habe mich überzeugt, daß auch hier Wahrheit und Dichtung bedenklich sich bekriegen.

Einen großen Theil habe ich selbst, den Wanderstab in der Hand, gesammelt.

Wollte man bloß Sprüche mit bedeutenden und neuen Gedanken nehmen, dann gäb's nicht viele. Aber auch manche der Verse, die wenig Absonderliches sagen, zählen mit als Ausfluß einer gesunden und volksthümlichen Denkweise; auch sie sind über Thür und Bank, auf Mauer und Balken, an Ofen und Bett redende Zungen sittigender Macht der Poesie in einsamsten Menschenkreisen.

Weitaus die Mehrzahl haben wegen des frommen christlichen Inhaltes Anspruch auf Werthschätzung und sie begründen die Ueberzeugung, daß Glaube und Liebe zu Gott vielen Kreisen des deutschen Volkes heilig sind. Das ist ja das poetische Geheimniß des religiösen Gefühles, daß es wie ein Frühlingshauch Flur und Wald und die Menschenbrust erwärmend durchleuchtet, um sie alle von der harten Erde blühend und geläutert nach oben zu wenden. So ist es fast überall bei dem Landvolke, — ein schönes Bild gegenüber dem verzerrten Leben der Großstädte, und es wird so lange bleiben, als es den vereinigten Facultäten Deutschlands nicht gelingt, die veraltete Einrichtung des Sterbens abzuschaffen.

Ich glaube behaupten zu dürfen, daß sehr viele werthvolle Haussprüche noch unbekannt sind. Drum richte ich an die Leserinnen und an die Leser die Bitte, sie freundlichst an mich gelangen zu lassen. Das würde für des Büchleins zweite Auflage und deren Verfasser sehr werthvoll sein.

Frankfurt a. O., im August 1895.

Alexander von Padberg.

Zur zweiten Auflage.

Der Bitte, die ich in der Einleitung ausgesprochen habe, ist in reichem Maße gewillfahrt. Aus Deutschland, der Schweiz und Oesterreich, sogar aus Transsilvanien, dem Lande der sieben Burgen, sind mir zahlreiche Zuschriften gesandt worden.

Dazu haben die Sammlungen von Draheim, „Deutsche Reime", Inschriften des 15. Jahrhundertes und der folgenden (Berlin 1885), und von Ernst Löbe, der 1867 Hausinschriften des Herzogthumes Altenburg herausgegeben hat, werthvolle Beiträge geliefert. Die neue Auflage ist um etwa dreihundert Inschriften vermehrt. Die meisten verdanke ich den freundlichen Mitarbeitern nah und fern, denen ich abermals großen Dank sende und die Bitte, auch ferner gütigst zu sammeln.

Frankfurt a. O., im April 1898.

Alexander von Padberg.

Kirche.

Geh deinen Weg
Auf rechtem Steg,
Fahr fort und leid,
Trag keinen Neid.
Bet, hoff auf Gott
In aller Noth,
Besuch Gotts Hauß das vor dir ist.
Da wirst du finden Jesum Christ,
Der dein Helfer Goel (Heiland) ist.
(Bauma, Schweiz. 1755.)

Jede große, jede kleine Gabe
Jederzeit ich noch vergolten habe.
(Nikolauskirche in Gurtipol.)

Vix orimur,
Morimur.
(Meran. Pfarrkirche.)

Wer Christum liebt, geht in sein Haus:
Wer Christum haßt, der bleibt gar auß.
(Basel. 1596.)

In der Marienkirche in Lübeck hängt eine Tafel, auf der zur Warnung gegen Plauderei drei schwatzende Männer gemalt sind, denen drei Teufel auflauern. Darunter steht:
Hieran sollen alle diejenigen marken,
Die allezeit gehn plaudern in der Karken.

O Maria, ein Middelerinne twisken Gode und dem Minsken, make doch dat middele twisken dem Richte Godes unde miner armen Seelen. Amen.
(Marienkirche in Lübeck. 1517.)

O geestlike vader und moder, nempt dat to sinne,
Juwen paden to leeren den gelowen in richter minne
Unde dat pater noster, dei X gebode gods to gader
Jesus sall sin ju loen und sin hemelsche vader.
(Taufbecken in der Reinoldikirche in Dortmund. 469.)

Maria du geberes eyn con
unde blevest ey rei mat
Maria alle dyn levent.

Hochdeutsch:
Maria, du gebierst einen Sohn
Und bleibest eine reine Magd,
Maria, dein ganzes Leben lang.

(Liebfrauen=Kirche in Halberstadt. 1475.)

❦

Am nördlichen Münster=Thurm in Straßburg:
Unter der Krone nach Westen:
Gott behüt mich hinfürter
Für Donner Hagel und Ungewitter.
(1568.)

❦

An der Pyramide
gegen Morgen:
Christus nos revocat
Christus gratis donat

gegen Mittag:
Christus semper regnat
Christus semper imperat

gegen Abend:
Christus rex superat
Christus rex triumphat

gegen Nacht:
Maria glorificat
Christus coronat

❦

Wer in dies Gestül will stan
Und nit Latein reden kann,
Der soll bleiben draus
Das man ihn nit mit Kolben raus.
(Über den Bänken vor dem Hochaltar in der Bergkirche in
Schäßburg in Siebenbürgen. 1523.)

❦

Dat ken kramer ist
De blief da buten
oder ick schlak em up de schnuten.
anno 1574.
Dit is der kramer eren stol.
(Mann mit Keule am Chorstuhl der Kramergilde in Stralsund.)

❦

o mensch sieh an
mein bitter Leiden
und thuch um meinett
willen sunde
meiden.
(Holzbild des Gekreuzigten. Gotthard-Kirche in Brandenburg.
1573.)

Der Arme weint —
Gedenke seiner!
Du Glücklicher:
Gott denket deiner.
(Ebendort.)

Im Kreutz nichts liebers mag gesein
Denn oft betrachten Christi pein.
(Marienkirche in Stendal. 1607.)

Dies Werk in seiner Ordnung rund
Zeigt an Jahr, Monat, Woch, Tag, Stund.
O Jesu Christ, du wollest geben,
Daß wir ein selig Uhr erleben.
(Uhr in der Willibrordikirche in Wesel. 1603.)

Ernst ob dem Altar,
Zucht in dem Chor,
Das ist unser labor.
(Basel, in St. Leonhardt.)

Gott Lob! Ich bin von Sünden frey
Dein guter Geist Herr steh mir bey
Daß ich hinführo frömmer sey.
Liebe friede freud und Zucht
sind des Geistes rechte frucht.
(Auf dem Reste eines Beichtstuhles (?); dazu ist eine Beterin und der heilige Geist gemalt. Jakobikirche in Stralsund.)

Die Taufe hat so große Kraft,
Daß sie uns rein von Sünden macht;
Wir ziehen da an den Herren Christ
Der unser einiger Heilandt ist.
(Taufbecken zu Bockenem. 1703.)

Das Gute lobt Mancher und thuts nicht,
Das Böse thut Mancher und sagts nicht.
(An einem Beichtstuhl der Kirche in Mariazell.)

❦

Ein großes Werk
Nicht einem Menschen
sondern Gott
wird eine Wohnung bereit.
(Portal der Kirche in Mollkirch, Kreis Molsheim.)

❦

Sei ruhig meine Seele! sieh
Der Herr wacht über dich,
Wer auf Ihn traut, verläßt er nie
Und schützt ihn väterlich.
Er kennt dich besser als du meinst,
Und weiß was dir gebricht,
Er sieht die Thräne die du weinst,
Drum Seele zage nicht.
Es weiß daß du im Elend bist,
Er sieht dem Jammer zu,
Er sieht was gut und nützlich ist,
Und liebt dich mehr als du.
Er kann dir helfen wenn er will,
Sein Arm hat Macht und Kraft,
Ihm ist kein Ding zu groß und viel,
Er tödtet und erschafft.

Er will dir helfen, Er ist gut,
Ist Vater, du sein Kind,
Ist besser und ist länger gut
Als alle Väter sind.
Drum Seele halte dich an ihn,
Er ist dein Schild und Hort.
Ich helfe dir, so wahr ich bin,
Sagt er und hält sein Wort.
(Kapitelsaal des Klosters Ölenberg im Elsaß.)

Viel leiden, viel meiden, gern scheiden,
Nicht zagen, nicht fragen, nicht klagen,
Geborgen nicht sorgen für morgen,
Geschlagen still tragen die Plagen,
Ohn' Eigen, sich neigen und schweigen,
Frohsinnig, herzinnig, gottminnig
Aufstreben, hergeben sein Leben,
Nicht weilen, gleich Pfeilen hineilen,
Gott loben, gehoben nach Oben,
Das wähle, o Seele, vermähle
Auf ewig dem Herrn dich als Braut.
(Ebendort.)

Auf einer Tafel neben einem Christusbilde im Dom in Lübeck:
Ich bin das Licht, man siehet mich nicht,
Ich bin der Weg, man gehet mich nicht,

Ich bin die Wahrheit, man glaubet mir nicht,
Ich bin das Leben, man suchet mich nicht,
Ich bin reich, man bittet mich nicht,
Ich bin edel, man dienet mir nicht,
Ich bin der Schönste, man liebet mich nicht,
Ich bin barmherzig, man vertrauet mir nicht,
Ich bin allmächtig, man fürchtet mich nicht,
Ich bin ein Lehrer, man folget mir nicht,
Werdet ihr verdammet, verweiset mir's nicht.

Glocke.

O Maria Muoter Gottes Zell
Hab in deiner Huot was ich überschell.
(Dietikon. 1410.)

O Maria du reine meit
Behüet uns hie und doert for Leid
(Brütten. 1511.)

Festa colo
Defunctos plango
Fulgura frango.
(Dietikon. 1705.)

Vivos voco, mortuos plango.
Fulgura frango.
(Schaffhausen. 1186.)

Sabbata pango, funera plango,
Noxia frango, excito lentos, paco
Cruentos, dissipo ventos.
(Wasserglocke der Blasiuskirche in Nordhausen.)

Hilf Maria und dein liebes Kind
Das ich vertreib mit minem schal
Die schädlichen Wetter Regen Wind
Uf Bergen und in Tal.
(Stallikon. 1447.)

An dem Tüfel will ich mich rechen
Mit der Hilf Gottes alle Wetter zerbrechen.
(Metmenstetten. 1485.)

De levendeghen rope ik to godes denste un eren,
blitze und donre helpe ik afkeren,
de Doden bewiene ik, grot und kleine.
Mich heft gegaten meister Henningk von Peine.
(Stundenglocke der Gotthardkirche in Brandenburg. 1456.)

Sankt Sebolds schlachglogk bin ich, Herr Ruprecht Haller, Herr Niclas Großen und Herr Gabriel Nützel den obersten Hauptleuten gewart ich, Meister Conrad Gloggengießer goß mich Anno Domini 1482.

Glocke auf dem unteren Thurme zu St. Sebald in Nürnberg. Die alte Glocke, die umgegossen wurde, hatte die Inschrift: „Ich Orglock bin des Rats zu

Nürnberg eigen, hat mich erzeugt, als man zalt nach Christi geburt 1300 und in dem 96 Jar in dem Majen, hat mich begabt Heinrich Grünwald. Herr Got hilff mir zu dir."

❦

Osanna heiß ich,
Den Todten pfeif ich.
(Kloster Weingarten. 1490.)

❦

Gott wold aller Minschen Herzen rören
de disser Klocken Klank hören,
dat se sik schiken thor Bassunenschall,
de uns werd fordern althomal.
(Pfarrkirche des Dorfes Jamund bei Köslin.)

❦

Ach, lieber Mensch, durch meine Stimm
Zu Gott erheb dein Herz und Sinn
Die Zeit ich melde, der Tag nehme ab
Geh hin, thu Buß und such dein Grab,
Traur nicht zu sehr, laß Christum sein
Des Todes Tod, dein Schild allein.
(Kirchgelleriee. 1607.)

❦

Im Jahr 1617 von Gottes Gepurt hat mich gegossen
Meister Barthmone Wengle von München unverdrossen.
(Salva-Glocke am Frauendom in München.)

❦

Deine ick de leste Uhr do schlagen,
Ach Gott, redde den nit alle Plagen.
(Marienhafe in Ostfriesland. 1619.)

Gott allein die ehre!
Der gebe, daß dieß Ertz so lang hier möge klingen,
und Alle, die es ruft, zur Kirch und Worte bringen,
das unß den Himmel schenkt, alss stehen wird die Weldt,
und dieses grosse Rundt in einen Klump nicht fellt,
durch Gottes Hand zernicht, durch die es aufgebauet,
es ist im Friedenjahr nun wieder aufgestellt,
es dien auch nur zu dem wass auff den Frieden schauet.
(Wittenberg. 1648?)

Gott helfe, daß mein Klang und Schall
   viel lange Zeit gehöret werd,
Bey Jung und Alten überall,
   sampt Gottes Wort auff dieser Erd.
(Mönch-Glocke auf dem Thomasthurm in Leipzig.)

Zwölf Stunden hat ein jeder Tag,
Ein jede Stund ihr Noth und Plag,
Welch Christus allein wenden mag.
(Vesperglocke auf dem Niklasthurm in Leipzig.)

Myn naem is Roeland:
Als ick klippe, dan ist brandt,
Als ick luyde, ist victorie in Vlaenderland.
(Belfried in Gent.)

Ik roope tot den Godsdienst zaam,
Ook diene ik in tyd van nood,
By vuur en ook by watersnood.
Ja ook roepe ik elk Sterfling toe:
Haast komt de Dood, bereid und spoe (zeitig).
(Kirkevekrum in Ostfriesland. 1794.)

Die Kaiserglocke heiß ich,
Des Kaisers Ehre preis' ich,
Auf heil'ger Warte steh' ich,
Dem deutschen Reich erfleh' ich,
Daß Fried' und Wehr
Ihm Gott bescher'.
(Kaiserglocke im Dom zu Cöln.)

Divorum vanis servivi cultibus olim
　Scilicet sic voluit coeca superstitio.
At nunc Christe tuo servire unius honori,
　Vera fides, Pietas, relligioque jubent.
(An der großen Glocke im Münster in Bern. 1611.)

Aus Hitz und Feur bin ich geflossen,
Moritz Füßli von Zürich hat mich gegossen.
(Zollikon. 1658.)

An einer Glocken kann man spüren
Die Ding so einem Prediger gebühren:
Gott loben und führen in rechter Lehr,

Das Volk versammeln und die Schaar
Zur Kirchen und zu aller Zucht:
Bringt gut Exempel und gute Frucht.
(Gernsee. (650.)

St. Martin nennt man mich,
Zum Dienste Gottes ermahne ich,
Den Donner zerschlage ich,
Die Dodten beklage ich,
Die Sünder bekehre ich,
Daß du lebest ewiglich.
Edmund Pipin in Cöllen gosse mich.
(Köln in Klein-Martin. 1721.)

So lang ich sitze, bin ich stumm,
Doch schwing ich mich im Turm herum,
Und werf mein' Zungen hin und her,
So ruf ich Dich zu Gottes Ehr,
Zu Predigt, Orgel und Gesang.
Den Dieb ruf ich zum Galgenstrang,
Den Wittwen bring ich Traurigkeit,
Dem Brautpaar bring ich frohe Zeit,
Auch des creirten Doctors Ruhm
Verkünd ich in der Stadt herum.
Zu Märkten, Schlachten und zu Brand
Ruf ich die ganze Stadt zu Hand.
(Marburg. Pfarrkirche.)

Gottesacker und Grab.

O ewich is so lanck.
(Thor zum alten Kirchhof in Oldenburg.)

Ich leb und waiß nit wie lang,
Ich stirb und waiß nit wann,
Ich fahr und waiß nit wohin,
Mich wundert, daß ich frölich bin.
(Grabschrift des Magisters Martinus von Biberach in Heilbronn. 1498.)

In der Bülowenkapelle an der Klosterkirche in Dobberan steht auf einem backofenförmigen Grabgewölbe:
Wieck Düfel wieck, wieck wiet van my,
Ick scheer mie nig een Hahr um die.
Ick bin ein Meckelbörgsch Edelmann,
Wat geit die Düfel mien Supen an?

Ick fup mit mienen Herrn Jefu Chrift,
Wenn du Düfel ewig döften müßt,
Und drink mit öm föet Kolleschahl,
Wenn du fitzt in der Höllenqual.
Drum rahd ick wieck, loop, rönn un gah,
Efft bey dem Düfel ick to fchlah.

Hier ruht Ahlke, Ahlke Pott.
Bewahr my, lewe Herre Gott,
Als ick dy wull bewahren,
Wenn du wärft Ahlke, Ahlke Pott,
Un ick wär lewe Herre Gott.
(Dobberan.)

In der Marienkirche in Lübeck war eine kürzlich befeitigte Grabtafel des Rathsherrn Johann Kerkering. Er kniet mit fehr krummen Beinen vor einem mit Schafen umgebenen Krucifix, und darunter fteht:
Hier ligt Herr Johann Kerkering,
De fcheef up fine Bene ging,
O Herr, mak em de Bene glik
Un nimm em in din Himmelrik.
Du nimmft de Schap in Gnaden an,
So lat den Buck doch ok mit gan.

Auf den Grabftein ihres Hirten hat die Gemeinde Eberschutz bei Hofgeismar die Worte fetzen laffen:
Hie lig de olle Oldenbrink
Sin Lebenlang het he gehinkt,

Her nimm em up int Himmelriek
Un mak em sine Beene gliek.
Du nimmst ja alle Schope an,
Lot auk den ollen Bock met gahn.

Syn Nyn was Nyn gerechtig
Syn Ja was Ja vollmächtig
Hey was sins Ja gedächtig
Syn Grondt syn Mondt einträchtig.
    (Grabschrift Adolphs I. von der Mark in der
       Karthäuser-Kirche in Wesel 1488.)

Ich yttel friderich Grave zu zoller geborn
Des heyligen Römischen reichs erbkamerer erkorn
Ward ich bei Kunig Maximilian.
Als sein hoffmeister im allzeit unterthan.
Und hauptman des hohenberger landt.
het ich im widerkawft zu unterpfandt.
Und dartzuo die herschaft haigerlich erblich
Mit meinem Bruder pischoff friderich.
Macht ich disen stift unser seel zuo haill
Ein Markgrefin elich ward mir zuo tayll.
Von brandenburg des Kurfürstlichen stamme.
zfunf töchtern un sex sun hetten wir zusamen
Und ligen hye tod.
Gott helff uns aus aller nott.
  (Grabmal des Grafen Eitel Friedrich II. zu Hohenzollern-
    Hechingen und seiner Gemahlin. 1512.)

O frommer Christ, dein Lebenlang
Sag Gott für dise Wolthat Danck,
Daß er dir gab ein graden Leib,
Darumb dein g'spött mit niemand treib.
Denk, daß Gott auch het können dich
Erschaffen eben gleich alß mich.
Daß ers nicht that der treu und fromm
Hast ihm dest mehr zu danken drumb.
Sein Zorn und Gnad erkenn an mir:
Thut er dir guts, dank ihm darfür.
In deinem Creutz auch nicht verzag,
Halt dich an Gott, der kan und mag
Dein unglück wenden alle tag.
   (Grab des ohne Arme geborenen Thomas Schwicker.
     Pfarrkirche zu Hall in Schwaben. 1602.)

Der nicht hort
   Die stimm der armen
Loest sich ir not
   nicht erbarmen:
Den will auch gott
   erhoeren nicht
So er kumt fur sein
   streng gericht.
(Grabtafel in der Gotthard-Kirche in Brandenburg. 1578.)

Christi Bludt
mein hohestes guett.
   (Grabstein im Dom zu Goslar. 1607.)

Der Baum verdirbt, die Frucht falt ab:
Gott hat die Seel, den Leib das Grab.
(Basel. 1571.)

Zum sichern Port ich kommen bin:
Sünd, Tod, all Jammer fahr dahin.
Mit Christo hab ich Fried und Freud:
Und leb in ewiger seligkeit.
(Basel. 1598.)

Den besten Frundt, den du magst han,
Der wird dich auch im dot nit lan:
Das ist Gottes Lieb, der ihn begert.
Die andern Frundt sein gar nichts werth.
(Duderstadt. 16. Jahrh.)

Alle die ihr fürüber geht,
Denkt wie die Sach mit uns itz steht:
Was wir itz sind, werd ihr werden
Was ihr itz seid, warn wir auf Erden.
Aller Menschen Herz, Sinn und Muth
Steht allein auf zeitlich Gut,
Und wenn sie das thun erwerben,
Legen sie sich dann und sterben.
(Am Eingang des Gottesackers in Lauchstedt. 1601.)

Auff Erden war diß mein Beruff,
Von allem dem, das Gott erschuff,
Etwas zu erfahren und zu wissen,
Hab ich von Jugend mich beflissen:

Und solches anwenden thun und lehren
Ins Menschen nutz, und Gott zu ehren.
Jetzund mein Seel ins Himmels freud
Anschauet Gottes Herrligkeit,
Biß daß der Herr am Jüngsten Gricht
Den Leib und Seel zugleich auffricht.
(Eigene Grabschrift des Felix Platter in Basel. 1614.)

Dem Lobgesang an disem Ort
Bey der anhörung Gottes Wort
Bin ich beyg'standen dreyssig Jahr.
Deßhalben mein Begeren war,
Daß mein Leichnam solt under d'Erden
Hie b'stattet und begraben werden,
Biß daß er an dem Jüngsten Tag
Durch Gottes krafft, ders alls vermag,
Herrlich widrumb drauß aufferhsteh
Und in das ewig Leben geh:
Und ich alßdann mit Leib und Seel
Ewig lob den Gott Israel.
(Johann Beatus Helius † 1620 in Basel.)

O ihr Menschen! betracht't eben
Uns Todten in eurem Leben,
Denn wie ihr seyd, so waren wir,
Und wie wir seyn, so werdet ihr.
(Nordhausen, Blasiuskirche. 1626.)

Hier liegen Wier
Und seyn Verwesen
Wie seyt jetzt Jhr,
Sein wir auch gewesen.
Wie wür sein da,
Muest iher auch werden
Verfaulen im Grab
Zu Staub und Erden.
      (Grabstein an der Frauenkirche in München.)

❦

Untter diesen stein in got ich ruhe fein —
erwarte den hertzliebsten auch unser kinderlein —
damit wir semplich in alle ewikeit
mit allen engelen preisen die heilige Dreifaltigkeit.
      (Frau Anna v. Berg. Stralsund. 1633.)

❦

Die vor mir gseyn, der tod gemacht hat
Wie ich jetzt bin an dieser Statt.
Also du werden wirst zugleich.
Die Seel die lebt im Himmelreich.
      (Uster. 1625.)

❦

O Tod wie schrecklich ist dein Gewalt,
Fragst nicht nach Jugend und Gestalt,
Dein Raub muß alles werden bald.
      (Salzburg. 1673.)

❦

Hic jacet et tacet, qui stabat et clamabat in cathedra Moguntina annis ter denis et ultra, gente Theutonicus, patria Hanovicus (**Hanau**), munere parochus, nomine Godefridus Adolphus Volusius, gradu doctor theologus, dignitate episcopus Diocletianopolitanus (**Nikomedien**), merito peccator maximus.

(Denkmal des Weihbischofes Volusius im Liebfrauenstift zu
den Greden in Mainz 1679. Die Grabschrift hat
er selbst verfaßt.)

Die hie kein Mensch auf Erdt als nur der Todt geschieden
Die wollen auch im Grab vereinigt Ruhn in Frieden
Meyn Leser denk hiebey, wie kurtz die Lebens Zeit
Such deine Ruh mit uns in süsser Seligkeit.

(Berlin, Marienkirche. 1718.)

Beweint mich nicht ihr Lieben
ich sterbe Gott nicht Euch
Was wollt ihr euch betrüben
ich bin in Gottes Reich.

(Hiddensen. 1774.)

Gedenk o Mensch ans Ende
Und dich zum Himmel wende.

(Hartroda.)

Hier ligget uſe leiven Olen —
Herr lat ſe die ſien wohl befohlen.
Denn wenn ſe ſollden weder uppſtahn,
Sau müßten wie alle von Hus und Hof gahn.
(Eingangsthor des Kirchhofes in Limmer bei Hannover.)

🌼

Steh Wandersmann
Und höre an
Was dir die Todten ſagen,
Pack ein dein Sach
Fein allgemach,
Du folgſt in etlich Tagen.
(Sebaſtiansfriedhof in Salzburg. 1732.)

🌼

In hoc tumulo ossa patrum Societatis Jesu,
queis neque viventibus neque mortuis genius
saeculi quietem concessit, carnis resurrectionem
exspectant.
(Jeſuiten-Grab in Augsburg.)

🌼

Hier iſt die Pforte zur Ewigkeit,
Menſchen, da giebts Ruhe.
(Kloſterkirchhof in Halberſtadt.)

🌼

Sie ruhen aus von ihrer Arbeit,
Ihre Werke folgen ihnen nach.
(Thor zum Friedhof in Blankeneſe.)

🌼

Der bösen Welt, der bösen Zeit
Bin ich Gottlob davon geeilt,
Ich sterb in Jesu, es ist vollbracht,
Und wünsch der Welt eine gute Nacht.
(Brixen.)

Siehst du hier wohl einen Unterschied
Ob arm ob reich?
Der Tod macht's gleich,
Heute rot
Morgen todt. (Tannheim.)

Traget mich zu meinem Grabe
In den sichern Ruheport,
Den ich längst gewünschet habe,
Traget mich nun eilenz fort.
Vielmals hab ich meine Glieder
Zu der Arbeit ausgestreckt,
Nun leg ich mich fröhlich nieder,
Bis mich einst mein Jesus weckt. (Oetz.)

Scepter Kron und Bauernkappen
Thut man hier zusammenpappen.
(Friedhof in Jerzens, neben der Kirche.)

Im Kreuze leben: guter Theil,
Im Kreuze sterben: ewiges Heil,
Beim Kreuze schlafen ohne Sorgen,
Beim Kreuz erwachen: goldner Morgen.
(Igels.)

Außen steht:
:   Hier liegt Hans Sauf,
:   Wandrer mach das Thürl auf.

Innen steht:
:   Gott geb ihm die ewige Ruh
:   Wandrer mach das Thürl zu.
:   (Alter Friedhof in Wilten.)

❦

Kein Stundenschlag ertönt,
Kein Tropfen Zeit verfluthet,
Wo nicht ein Menschenherz
Im Todeskampfe blutet.

Kein Morgenrot beginnt,
Kein Abendrot erscheinet,
Wo ein Verlaßner nicht
Um den Erblaßten weinet.
                (Straße von Schönwies nach Imst.)

❦

O Wanderer stehe stille,
Schenk mir aus Herzensfülle
Mir Armen dein Gebet.
Ich werde Gott darum bitten,
Daß es dir auf allen Schritten
Stets gut und glücklich geht.
                    (Tafel vor Kranebitten.)

❦

Im Leben war ich wie du,
Jung frisch und reich dazu,
Ist von Allem nichts übrig bliben,
Als dieser Stein und eine arme Seel da drüben.
(Gnein bei Schwaz.)

🙞

Dem Auge fern,
Dem Herzen nah.
(Schwarzenberg im Bregenzerwald.)

🙞

Der kleine Engel voll Freuden spricht:
Bin fröhlich im Himmel, vergesse euch nicht.
(Kindergrab in Langesthei.)

🙞

Der Engel floh gen Himmel
Die Hülle blieb zurück,
Und nichts ist hier verstorben
Als zweier Eltern Glück.
(Sterzing.)

🙞

Peter Gutschelhofer heiß ich,
In ein besseres Jenseits reis' ich,
Der ganzen Welt sag ich gute Nacht,
Ich will sehen was Jesus Christus macht.
(Krieglach. 1884.)

🙞

Brüder, wollt ihr uns im Grabe ehren,
Wie es uns gefällt:
Keine Lobschrift ausgesonnen,
Keine Säule aufgestellt!
Fechtet so wie wir gefochten,
Grüßt mit festem Blick den Tod!
Und es färbt mit unserm Blute
Sich der Freiheit Morgenrot.
(Grab der 1797 und 1809 in Bruggenwaldele bei
Kloster Dolders Gefallenen.)

Quis eras, quis es, quis eris.   (Basel.)

Christinchen heiß ich,
In den Himmel reis' ich,
Zu sehn, was unser Herr Jesus macht.
Liebste Freunde, gute Nacht.
(Auf dem Christenberge bei Wetter in Hessen.)

Er war ein Biedermann,
Und lebte seiner Pflicht,
Wer diesen Ruhm gewann,
Stirbt auch im Tode nicht.
Die Liebe darf es wagen,
An seiner Gruft zu sagen
Was Recht und Wahrheit spricht.
(Direktor der Taubstummen-Anstalt in Berlin Eschke,
Sophienkirchhof. 1811.)

Unterm Kreuze ging dein Pfad,
Bei dem Kreuze fandst du Gnad,
Für das Kreuz da kämpftest du,
Mit dem Kreuz gingst du zur Ruh,
Durch das Kreuz schwand deine Nacht,
In dem Kreuz hast du vollbracht.
(Berlin, Jerusalemer Kirchhof. 1859.)

Mit Weinen war ich erst geboren,
Zum Jauchzen bin ich nun erkoren,
Ich singe mit der Engel Schaar
Das ewge neue Jubeljahr.
Drum liebe Eltern, höret auf
Zu klagen meinen Lebenslauf,
Ich bin vollkommen worden bald,
Wer selig stirbt, wird gnugsam alt.
(Friedrichsbrunnen im Harz. 1852.)

Du Blume Gottes, wie so früh
Brach dich des Gärtners Hand?
Er brach sie nicht, er pflanzte sie
Nur in ein beßres Land.
(Polkwitz in der Altmark. 1862.)

*

Lieber Leser denk an mich
Um ein Vater unser bitt ich dich.
(Pstricher Joch, Tyrol. 1864.)

Hier lieg ich und wart auf dich,
Geh nicht vorbei und bet für mich,
Sprich: Gott gib ihm die ewige Ruh
Ich komme bald auch dazu.
(Mummen, Algäu.)

Der Glaube spricht: Verzage nicht,
Legt Dich der Tod hier nieder,
Verklärt vor Gottes Angesicht
Da sehen wir uns wieder.
(Friedhof in Hallein. 1875.)

Als Gattin blüht' sie mir,
Als Mutter sank sie nieder,
Als Mensch ging sie von hier,
Als Engel kommt sie wieder.
Sie ist vorausgegangen,
Den Gatten zu empfangen.
(Neuburg in Steiermark.)

Daß ich gestorben bin,
Das weißt du,
Ob ich im Himmel bin,
Das fragst du.
Nicht sterben, aber im Himmel sein
Das willst du.
(Friesach in Kärnthen.)

Hier leit die ehrengeachtete und tugendsame
Jungfrau Filumena Voggenhuberin, betrauert
von ihrem einzigen Sohne.
(Kitzbühl.)

🌸

Wenns möglich ist
Mein lieber Christ,
So bet für mich,
Ich bet für Dich.
(Inzell bei Reichenhall.)

🌸

Sein Lied war deutsch und deutsch sein Leid,
Sein Leben Kampf mit Noth und Neid.
Das Leid flieht diesen Friedensort,
Der Kampf ist aus — sein Lied tönt fort.
(Albert Lortzings Grab. Sophienkirchhof in Berlin. 1851.)

🌸

Der Tod begrub hier einen reichen Besitz, aber noch
schönre Hoffnungen.
(Franz Schuberts Grab in Wien. 1828. Von Grillparzer.)

🌸

Warm konnt ich hoffen und unnennbar lieben,
Und treu beharrt ich, wo ich Liebe gab.
Was ist von Allen tröstend mir geblieben,
Von Lieb' und Hoffnung? — Nur ein einsam Grab.
(Grab der Dichterin Luise Brachmann. Halle 1822.)

🌸

Hier liegt ein Mann, der treu ergeben
Der Kunst gewesen und der Ehr',
Er war nicht viel in seinem Leben,
Und jetzo ist er gar nichts mehr.
(Grab des Dichters Castelli in Hutteldorf bei Wien.)

❦

Die hier im dunkeln Grabesschooße ruht,
Nach langen Kampfes Mühsal und Beschwerde,
Wie jedes and're arme Kind der Erde
War sie ein Doppellaut von Schlimm und Gut.
Nichts unterschied sie von der großen Schaar,
Behaglich athmend in der Lüge Boden,
Als daß die Wahrheit ihrer Seele Odem
Und daß getreu bis in den Tod sie war.
(Grabschrift der Dichterin Betty Paoli in Wien. Von ihr selbst.)

❦

Wer hat euch Wandervögel
Solch Wissenschaft gelehrt,
Daß ihr auf Land und Meeren
Nie falsch den Flügel kehrt!
Daß ihr dieselbe Palme
Im Süden stets gewählt,
Daß ihr die alte Linde
Im Norden nicht verfehlt.
(Grab von Käthe Branconi in Dahlem bei Berlin.
Am Steine steht eine alte Linde.)

❦

Wir sind ein Volk, vom Strom der Zeit
Gespült zum Erdeneiland,
Voll Unfall und voll Herzeleid,
Bis heim uns holt der Heiland.
Das Vaterhaus ist immer nah,
Wie wechselnd auch die Loose —
Es ist das Kreuz von Golgatha
Heimat für Heimatlose.
(Kirchhof in Sylt, wo die gestrandeten Leichen bestattet werden.)

Hier liegt ein treues Kriegesroß,
Der Feind gar heftig nach ihm schoß,
Viel Hunger, Durst und Kält' es litt,
Denn es war einst in Moskau mit.
Zweimal zog es nach Frankreich aus
Und tauschte friedlich dann zu Haus
Nach langem Siegeszuge
Das Schwert noch mit dem Pfluge.
Für manchen Ritt bei Tag und Nacht,
Den es mit seinem Herrn vollbracht,
Verdient es sich bis an den Tod
Mit vollem Recht sein Gnadenbrod,
Und dankbar legt auf sein Gebein
Sein Reiter ihm nun diesen Stein.
(Hans von Burkersroda Thüringen.)

Rathhaus.

Rathhaus in Lübeck.

Am Portale des Audienzsaales:

Von den Wisen hort man Wisheit unde von
Getruwen den guten Rad.

Der Werlt Wisheit ist bedreglich vor Land und Lude.

Innere Seite der Thür:

Snelle to hören, avers langsam to geloven.

Wo hat iß de Rechtferdicheit gefangen,
Wo hoch deit Ungerechdicheit prangen.

De Leve is langmütig und frundlick, se is nich afgünstig.

Na Umestendlichkeit der Sake schall man alle Worde vorstan.

Beede Paart schall en Richter hören unde dann urteln.

von Padberg, Haussprüche.

Rathskeller.

Kamin im Brautgemach:

Mennich Mann lude singet, wenn man em de Brud
bringet,
Wuste he, wat man em brochte, dat he veel leever
weenen mochte.

❦

Admiralszimmer:

Is de Buk vull, is de Kopp dull.
Smitt uns de Win of nedder,
Wi drinken Morgen wedder.

Söben Ell Boddermelk und tein Ell Klümp
Un wenn de Schoh versapen sünd, so danst wie up
de Strümp.

Obends vull, morgens dull.

En ollen Win, en olles Lid makt froh dat Hat to
aller Tid.

Jederman et recht to don, darf ken Minsch sick
underston
De mut erst kamen up de Welt, de makt wat alle
Lüd gefällt.
Dit Timmer is nu renovirt, mit vele Bilder utstaffiert;
De Maler dorto ist ut München kam,
Leo von Lütjendorf-Leinburg is sin Nam,
1887 weer dat Jor, im Wintermonat Februor.

❦

Nach der Gerechtigkeit
Regenten sollend richten
Es treff fründ oder feind
Nach ihren Eidespflichten.
(Rathhaus in Bülach. 1673.)

Wilt richten das du Gott gefellst,
So richt den Nächsten wie dich selbst.
(Schwyz.)

Excute manus ab omni munere,
Partes patienter audi,
Benigne responde,
Juste judica. (Basel.)

Richter, steh dem Rechte bei,
Denk, daß Gott dein Richter sei.
(Rathhaussaal in Regensburg.)

Die Obrigkeit an seiner statt
Auff Erden Gott verordnet hat,
Daß sie eim Jeden Recht verschaff,
Die frommen schütz, die bösen straff,
Und daß man ihr gehorch mit Fleiß,
Wann nur nicht sünd ist ihr geheiß.
Friederich der Vierdt des Nammens itzt
In Churfürstlicher Hochheit sitzt

3*

Der glimpf und ernst dermaßen übt,
Daß ihn das Volck förchtet und liebt.
Solch Regiment ist lobenswährt,
Wol den leuthen dens Gott bescheert.
(Heidelberg.)

Regenten habent sich
Voraus wol zu gewaren,
In allem ihrem thun
Fürsichtig zu verfahren. (Bälach. 1673.)

Wo by der Stercke wohnt
Die Tugend der Weißheit
Daselbst bleibt auch der Ruhm
Der rechten Dapfferkeit. (Bälach. 1673.)

Juste judicate filii hominum:
Audiatur altera pars.
(Gerichtsstube des Rathhauses in Bern.)

Ein Richter sei der Armen Schutz,
Schaff Gleich und Recht nicht um Nutz,
Die Wahrheit auch erforsch mit fleiß,
So wird er haben Ruhm und Preis.
Der große Gott hat ewiglich
Sein Stuhl bereit im Himmelreich.
Er wird recht richten Jedermann,
Wie ers hier mag verdienet han.
(Gerichtslaube des Rathhauses in Lüneburg. 1607.)

Gerechtigkeit war stets ein Grund,
Darauf ein biedrer Mann bestund,
Wir stehn, in jeglichen Gefahren
Die gute Stadt und deren Rath zu wahren.
(Am Thurme des Rathhauses in München.)

Ob große Feuersbrunst vordem gleich hat verheeret
Dies mein Bürgermeisterhaus, hat Gott mir doch be-
scheeret
Des Segens auch soviel durch feste Zuversicht,
Daß wiederum ein neu allhier ist aufgericht.
Sein Nam Justitia wird überall erschallen,
Und wer die unterdrückt, der muß zu Boden fallen,
Gott hats in seiner Hand, ein Jeder schau es an,
Und wem es nicht behagt, der bau so gut er kann.
(Halberstadt.)

Rede, was dir wohl ansteht
Und einem anderen nicht nahe geht.
Bist du was, das laß wohl sein,
Und laß eim andern auch was sein,
Denn es kommt ein Tag,
Da ein andrer auch was werden mag.
(Jever.)

Einer acht's,
Der andre verlacht's,
Der dritte betracht's,
Was macht's?
(Wernigerode. 1492.)

Im Altstädter Rathhause in Hildesheim haben mit der Jahreszahl 1638 folgende Sprüche gestanden:

Über der Thür des Saales:
Hanc patriae patres sanctam comitentur in aedem
Consilium, pietas, pax, Themis atque salus.

Über der Rathsstube:
Haec nihil injustum Themidos sacraria tangant.
Consiliis vigeant paxque salusque bonis.

Über der 18 Mann-Stube:
Ter seni supplent proceres hic more senatum
Proque aris una consiliantque focis.

Über der Oldermänner-Stube:
Pro plebe atque bono plebis sua scita tribunus
Sciscit et ad patres hinc trutinanda refert.

Über der Amts- und Gildemeister-Stube:
Negligat ut nemo civilia commoda civis:
Tangit et artificum publica cura tribus.

🍀

Honores mutant mores.
(Ingersheim, Kreis Rappoltsweiler. 1600.)

🍀

Dem heyligen Reich ist dieses Haus
Zu Lob und Ehr gemachet aus,
Darin die wahr' Gerechtigkeit
Gehalten wird zu jeder Zeit.
(Kaysersberg. 1604.)

🍀

O Gosler du bist togedan
de hilgen romesken rike
sunder middel und waen
nicht maestu darvan wiken.
(Kronleuchter im Rathhause in Goslar. 1620.)

Zum Klapperstein bin ich genannt,
Den bösen Mäulern wohl bekannt.
Wer Lust zu Zank und Hader hat,
Der muß mich tragen durch die Stadt.
(Mülhausen. Darunter hängt an eiserner Kette ein Stein, der ein Altweibergesicht zeigt.)

Hier außen lege ab
Haß, Freundschaft, Furcht und Gab
Gar oft sind Haß und Hohn
Der frommen Richter Lohn. (Ebendort.)

Rempublicam servant et ornant pietas, justitia, concordia, morum gravitas, civium fidelitas et debitum obsequium. (Quedlinburg.)

Vergieb dir nichts, den andern viel.

Wissen und Gewissen machen den Rathsherrn.

Fremder Trost ist gut,
Besser eigner Muth.
(Alle drei in Berlin. Zimmer des Oberbürgermeisters.)

Wo der Bürgermeister schenket Wein,
Die Fleischhauer im Rathe sein,
Und der Bäcker wiegt das Brod
Da leidt die Gemeinde große Noth.

(Gotha.)

Schulhaus.

Bienen holen für ihr Haus
Honig heim aus Blum und Blüth,
Und du trage hier heraus
Weise Lehr und gute Sitt.
(Schwandorf, Oberpfalz.)

Initium sapientiae
Timor Domini.   (Basel.)

Vae tibi si praees et non prodes.
Concordet sermo cum vita.
Bonis nocet qui malis parcet.   (Ebendort.)

Doctrina multiplex, veritas una.
(Universität in Rostock.)

Frei denken ist schön, richtig denken ist besser.
                                (Universität in Upsala.)

Suche Gottes Reich vor allen Dingen,
So wird dir alles wohl gelingen,
Suchst du ein andern Anfang,
So geht dein Thun den Krebsgang.
                        (Magdalenen-Schule in Breslau.)

Hier wird die Saat gestreuet,
Und dort, wenn sie gedeihet,
Wird reich die Ernte sein.
                        (Zichernitzsch bei Altenburg.)

Deutsche Art   Gott bewahrt.
            (Stadttöchterschule I in Hannover. 1817.)

Andere öffentliche Gebäude und Denkmäler.

An der 1135 bis 1146 gebauten Donau-Brücke in Regensburg stehen an einer später errichteten Säule folgende Worte:

> Eilfhundert dreyßig fünf im jar
> Die tonaw was schier trufen gar,
> Do Hertzog Heinrich mit der stat
> Die brucken allhie begunnen hat.
> Das werk gebaut uff vesten Grund
> Eilf jar darnach gantz fertig stund
> Gut gleit fürbaß uff allen wegen
> Geb gots genad und gotes segen.

Praesidio civibus. Terrori hostibus.
(Judenthor in Straßburg. 15. Jahrhundert.)

Gottes Barmherzigkeit
Der pfaffen grytikeit
Und der bauren bosheit
Durchgründet niemand.
Uf minen eit 1418.
(Weißthurmthor ebenda.)

Een jeden dat syne.
(Roland in Bremen. 1450.)

Weget recht und gelike,
So werdet gi salich und rike.
(Kramergildehaus in Hildesheim. 1482.)

Bei dem von Adam Kraft gefertigten schönen Relief mit dem Wagemeister über dem Thore des Wagehauses in der Waggasse in Nürnberg steht der Spruch:
Dir als ein andern. Anno 1497.

Sit intra te concordia et publica felicitas.
(Steinthor in Rostock. 16. Jahrhundert.)

Navigare necesse est, vivere non necesse est.
(Haus der Seefahrt in Bremen.)

Concordia domi, foris pax.
(Holstenthor in Lübeck.)

Poenis et praemiis res publica conservatur.
      (Hochzeitshaus in Alsfeld. 1565.)

Hüt dich mit fleiß und nicht zerbrich,
Was zur gdechtnis ist auffgericht,
Dann wo solches von dir geschicht,
Verbleibt die straff gewißlich nicht.
Hiemit befehl ich Leser dich
In Gottes schirm stets ewiglich.
     (Pyramide in Nordoe bei Itzehoe. 1578.)

Zu diesem Hauß Herr Jesu Christ
Dein Segen gib zu aller Frist
Laß alles drin gedein woll
So ist es deiner gnaden voll
Waß du segenst bleibt bestehn
Ohn deine Hülf thut alles vergehn.
     (Kramergildehaus in Goslar. 1617.)

Für Friedrich kämpfend sank er nieder,
So wollte es sein Heldengeist;
Unsterblich groß durch seine Lieder
Der Menschenfreund, der weise Kleist.
(Denkmal des in der Schlacht bei Kunersdorf gefallenen Dichters
 Ewald Christian von Kleist. Frankfurt a./O. 1759.)

Gerechtigkeit bin ich genannt,
Gift und Galle sind mir unbekannt.
Ich sehe nicht an die Person, arm oder reich,
Ich waage dem Kaiser und dem Ärmsten gleich.
(Schwurgerichtssaal in Coblenz.)

Res severa verum gaudium.
(Gewandhaus in Leipzig.)

Ein Fürstenstamm,
Deß Heldenlaut
Reicht bis zu unsern Tagen,
In grauer Vorzeit ging er auf
Mit unsers Volkes Sagen.

Du alter Stamm
Sei stets erneut
In edler Fürsten Reihe.
Wie alle Zeit
Dein Volk Dir weiht
Die alte deutsche Treue.

(Johanneum in Dresden. Zwischen den beiden Strophen in langem Zuge die sächsischen Herrscher aus dem Hause Wettin zu Pferde.)

Dem Reiche der Natur und seiner Erforschung
Kaiser Franz Joseph I. 1881.
(Naturhistorisches Hofmuseum in Wien.)

Dem heldenmüthigen Führer der Heere Oesterreichs,
dem beharrlichen Kämpfer für Deutschlands Ehre.
(Denkmal des Erzherzogs Karl von Oesterreich. Ebenda.)

Dem weisen Rathgeber dreier Kaiser.
(Denkmal des Prinzen Eugen. Ebenda.)

Die Größe seines Vaterlandes wird sein Nachruhm sein.
(Denkmal des Bürgermeisters Prix. Ebenda.)

In Harren und Krieg
In Sturz und Sieg
Bewußt und groß
So riß er uns vom Feinde los.
(Blüchers Denkmal in Rostock.)

Den Gefallenen zum Gedächtniß
Den Lebenden zur Anerkennung
Den künftigen Geschlechtern zur Nacheiferung.
(Denkmal für die Freiheitskriege auf dem Kreuzberge in Berlin.)

Dem Wahren, Guten und Schönen.
(Theater in Frankfurt am Main.)

Wilhelm, der Vater des Reichs, erweckte das Haus aus den Steinen,
Friedrich, der duldende Fürst, richtete Pfeiler und Wand,
Wilhelm vollendet das Werk, der Trost und die Hoffnung der Seinen;
Schütze nun Kaiser und Haus Gottes allwaltende Hand.

(Regierungsgebäude in Hildesheim.)

Herberge und Wirthshaus.

Daß Hauß steht unter der Sonnen,
Wer kein Geld hat, der gehe beim bronnen.
(Sonnenwirthshaus in Neuweiler. 1590.)

Hier ist das Haus zur Sunnen,
Wer kein Geld hat, geht zum Brunnen.
(Schweiz.)

Wer Wein und Weiber meiden mag
Der wäsche diesen Reimen ab.
(Wald. 1717.)

Mag einer sein, der immerdar
Wol allen Leuten recht thun kann
So wird er hier bewirth umsunst
Wenn er mich lehret diese Kunst.
(Erg.)

von Padberg, Haussprüche.

Es freuet sich ein Wandersmann
Wenn er trifft ein gut Wirtshaus an,
Wo Wirt und Wirtin freundlich sein
Kehrt man am allermeisten ein. (Elgg.)

Man setzt sich zu mittag zum essen
Und ist und trinkt sich immer satt.
Das beste wird darbey vergessen
Gott der die Spis gegeben hat. (Ried. 1769.)

Trink und iß
Gott nit vergiß. (Fellhorn.)

Gott lieben macht selig,
Wein trinken macht fröhlich,
So liebe Gott und trinke Wein,
So kannst du fröhlich und selig sein.
(Ellbögen. In der Schweiz verbreitet.)

Wer Gott liebt, der wird selig,
Wer Wein trinkt, der wird fröhlich,
Drum liebe Gott und trinke Wein,
Dann wirst du selig und fröhlich sein.
(Wohra bei Marburg. In Hessen oft.)

O Jungfrau, die der Schlange Feind,
Bleib immer Elephantens Freund,
Mit deinem Schutz bedecke dieses Haus,
Treib Krankheit, Noth und jedes Unheil aus.
(Brixen, Gasthof zum Elephanten.)

Rede wenig, rede wahr,
Trinke mäßig, zahle baar.
(Gries bei Bozen.)

Wer Bier verfälscht und Weine tauft,
Ist werth, daß er sie selber sauft.
(Mülln bei Salzburg.)

Salve hospes!
Bibe, solve
Utrumque juste!
(Ebendort.)

Hier soll die schönste Ordnung sein,
Wer ißt und trinkt, bezahle fein,
Auch nicht zu spät nach Hause gehn,
So können Wirth und Gast bestehn.
(Obersteiermark.)

Mehr ist, so will mir bedünken,
Mehr ist als Weiber der Wein;
Denn Wein kann man lieben und trinken,
Die Weiber nur lieben allein.
(Stiftskeller in Salzburg.)

Willst du leben lang und gesund,
Iß wie die Katz, trink' wie der Hund.
(Weinstube in Zürich.)

Red Einer schlecht von dir — sei's ihm erlaubt,
Doch du, du lebe so, daß keiner es ihm glaubt.
(Ebenda im Kindl.)

O Friede, wie bist du so ein edler Schatz
Und hast bei den Leuten so wenig Platz.
(Am Markthaus in Luzern.)

Allhier gut Bier und Branntewein,
Auch Fische, wann sie gefangen sein.
(Gimbte bei Münden.)

Genießt im edlen Gerstensaft
Des Weines Geist, des Brodes Kraft.
(Berlin, Tivoli-Brauerei.)

Kräht die Henne, schweigt der Hahn,
Ist das Haus gar übel dran. (Wartburg.)

Schöne Zeit bringt Rosen, böse Zeit viel Ehr.
(Ebenda.)

Dummheit und Stolz
Wachsen auf Einem Holz. (Ebenda.)

Borgst du Geld einem freund,
Bekömmst du leicht einen feind. (Ebenda.)

❦

Scharfe Schwerter schneiden sehr,
Scharfe Zungen noch viel mehr. (Ebenda.)

❦

Der Snecke und auch der Regenwurm
Die hebent selten großen Sturm. (Ebenda.)

❦

Kommt auch ein Ochs ins fremde Land,
Er wird doch als ein Rind erkannt.
(Ebenda.)

❦

Laß deinen Mund verschlossen sein,
Dann schluckst du keine fliegen ein.
(Ebenda.)

❦

freund, so vorbei?
(Bischhausen bei Zimmersrode.)

❦

Hier in de olle Liese
Hier geid dat no de olle Wiese.
De Wert de süpp dat beste
Un segg: prost mine leven Gäste.
(Panker, Holstein.)

❦

Alle Feinde besiegt der Deutsche, doch den Durst
besiegt er nicht.
(Lübeck. Fredenhagens Keller.)

❧

Ein fröhlich Gemüth und ein edler Wein.
Die mögen hier oftmals beisammen sein.
(Ebenda.)

❧

Allen zu gefallen ist unmöglich.

Du bist der Mann, Herr Jesu Christ, dem Wind und
Meer gehorsam ist,
Drum halt in Gnaden deine Hand auch über unserm
Schifferstand!
Vor Sturm, vor Räubern, vor Gefahr, Herr, unsere
Seefahrt stets bewahr.
Laß die Gesellschaft und Gemein der Schiffer dir
empfohlen sein,
Gib Friede, Freud und Einigkeit, bewahr dies Haus
vor allem Leid,
Dein Segen sich bei uns bewähr, Dir sei o Gott
allein die Ehr!
(Lübeck. Schiffergesellschaft. Außen.)

❧

Ebenda im Innern:
Dit Nachfolgende hebben de Hanße-Bröderschop
bewilligt:
De disses Huses Gerechtigkeit nich wil holden ahn Kiwen,
Den schall man up diese Tafel schriven;

Und schall dar so lang up stan,
Dat he dis Huses Gerechtigkeit heft dan!
Ver tappen schall man em hier nicht,
So lang dat he sine Sake heft maket schlicht.

❦

Wenn dieses Haus so lange steht, bis aller Neid und
 Haß vergeht,
Dann bleibt's fürwahr so lange stehn, bis die Welt
 wird untergehn.
(Lübeck. Bürgerverein.)

❦

Zufriedenheit ist große Kunst,
Zufrieden scheinen großer Dunst,
Zufrieden werden großes Glück,
Zufrieden bleiben Meisterstück. (Ebenda.)

❦

Für Sorgen sorgt das liebe Leben,
Doch Sorgenbrecher sind die Reben.
(Ebenda.)

❦

Wer nicht kann Spaß verstehn,
Muß nicht unter Leute gehn. (Ebenda.)

❦

Stehst du hungrig vor der Thür,
Komm herein und iß bei mir.
(Lübeck. Schmeckebier.)

❦

Eten und Drinken höllt Lif und Seel tosam.
(Ebenda.)

🍇

Wenn ener don deit, wat hei kann,
Denn kann hei nich mehr don, as hei deit.
(Lübeck. Thode.)

🍇

Wenn der Wirt auch Kasten heißt,
Herrscht hier doch kein Kastengeist.
(Hannover. Kastens Hotel.)

🍇

Jugend ist Trunkenheit ohne Wein.
Doch trinkt sich das Alter zur Jugend,
Dann wird das Trinken zur Tugend.
(Hildesheim. Domschenke.)

🍇

Es ist a so und bleibt dabei,
Wer morgen kommt, hat Zehrung frei.
(Tyrol. Leutasch.)

🍇

Im Wasser kannst Du Dein Antlitz sehn,
Im Wein der Anderen Herz erspähn.
(Osnabrück.)

🍇

Ob Rittersmann, ob Lanzenknecht,
Ein jeder gern sein Schoppen stecht.
(Mainz.)

🍇

Wie du glaubst, so lebst du,
Wie du lebst, so stirbst du,
Wie du stirbst, so fährst du,
Wie du fährst, so bleibst du
Im Himmel zur Freud,
In der Hölle zum Leid,
In beiden Orten zur Ewigkeit.
(Mittewald in Tyrol.)

Herein, herein ihr lieben Gäst,
Wer Geld hat, ist der allerbest.
(Über dem Leipziger Collegienkeller.)

Gott segne deinen Eingang
 Wenn du Durst hast
Und deinen Ausgang
 Wenn du bezahlt hast.
(Volksberg, Kreis Zabern.)

Wer heute kummt,
Muß zahlen glei,
Wer morgen kummt,
Ist zechenfrei.
(Sembach bei Obervellach.)

Die Rose blüht,
Der Dorn, der sticht,
Wer gleich bezahlt,
Vergißt es nicht.
(Drauthal und vielfach anderwärts.)

Beim Fischer giebt es Bier und Wein
Und gebratene Fische, wenn sie gefangen sein.
(Schliersee.)

※

Hurrah! die Kaffeeschlacht beginnt,
Und Alles, was der Herr erschuf,
Erzittre jetzt für seinen Ruf.
(Waldkaterthal bei Stolp in Pommern über
dem Kaffeezimmer für Damen.)

※

Wohlthun und fröhlich sein
Ist das beste auf der Erde.
Hier bekommt man Bier und Wein
Und auch Futter für die Pferde. (Loy.)

※

Für Pferde, Schweine und Geschirr
Steht dieses kleine Obdach hier.
(Vor Damme.)

※

Die folgenden vier Sprüche finden sich in der 1389
erbauten Prinz Heinrich-Baude im Riesengebirge.

Deutschland, Oestreich, treu verbunden,
So bezwingt ihr eine Welt,
Blut aus tausendjährigen Wunden
Ist's, das euch zusammenhält.
Eine Sprache, eine Sitte
Schlingt um euch ein festes Band,
Und es ist derselbe Himmel.
Der sich euch zu Häupten spannt.

※

Hier ist das deutsche Reich zu Ende
Und drüben gilt ein andres Geld,
Doch deutscher Geist und deutsche Hände
Die gelten in der ganzen Welt.

❦

Wer auf diese Höhe kroch,
Findet keinen Apfel sauer,
Hunger ist der beste Koch
Und der Durst der beste Brauer.

❦

Ein leckeres Mahl,
Ein voller Pokal
Ein treu Gemahl
Nach Herzenswahl,
Und Berg und Thal
Jn Sonnenstrahl —
Wo bleibt da alle Erdenqual!

❦

De Keel kost veel.
(Voß-Haus in Eutin.)

❦

Es wird nichts so schön gemacht,
Es kommt doch einer, der's verlacht.
Wärest du früher hergekommen,
Hätten wir Rat von dir genommen.
(Ebendort.)

❦

Erst mach dein Sach
Dann scherz und lach.
(Clubhaus in Wismar.)

Trink nicht in Hast als sei's im Spiel,
Der Weise schießt nicht übers Ziel,
Er trinkt bedächtig aber viel.
(Weinstube in Meran.)

Wirb! Glück ist mürb!
(Lamm in Klausen.)

Gott giebt uns für große Erdenpein
Ein gutes Weib, Gesang und Wein.
(Ebenda.)

Das Wasser ist zu jeder Zeit
Die beste aller Gottesgaben,
Mich aber lehrt Bescheidenheit:
Man muß nicht stets vom Besten haben.
(Ebenda.)

Frohsinn bring du herein,
Liebe wird drinnen sein;
Kommt es zum Scheiden,
Sei es bei beiden.
(Ebenda.)

Wein und Weiber sind auf Erden
Aller Weisen Hochgenuß,
Denn sie lassen selig werden
Ohne daß man sterben muß. (Meran.)

Wer lustig ist und nicht singt,
Wer durstig ist und nicht trinkt,
Wem das Herz voll ist und er spricht nicht,
Wem Unrecht geschieht und er ficht nicht,
Wer alten Wein und die Weiber haßt,
Der ist mir fürwahr der steinerne Gast.
Doch wer mir lustige Lieder singt,
Den vollen Becher mit Frohmut schwingt,
Den Mädchen tief in die Augen guckt,
Der schönsten hart an die Seite ruckt,
Für das Recht eintritt und das Unrecht bannt,
Dem drücke ich warm die Freundeshand.
(Batzenhäusl in Bozen.)

Trink, aber sauf nicht,
Disputir', aber rauf nicht.
(Corvara in Tyrol.)

Das Herz und auch die Weibertracht
Solln sich nicht ändern über Nacht.
(Regensburger Hütte.)

Handwerk und Gewerbe.

Guten Morgen lieber Schmitt,
Wenns des Morgens 4 schlitt,
Dann höre ich dich schon knallen,
Das thut mir von Herzen gefallen.
(Schmiede in Oberkaufungen.)

Wenn Neid und Haß brennten wie das Feur
So wären die Kohlen nicht so theur.
(Schmiede in Rümland.)

Wenn an jedes böses Maul
Ein Schloß müßt angelegt werden,
Dann wär die edle Schlosserkunst
Die beste Kunst auf Erden.
(Schlosserei in Mauren.)

Segen ströme über dieses Haus von oben,
Alle Hammerstreiche sollen den, der segnet, loben.
(Schmiede in Innsbruck.)

❦

Gott sei Lob und Dank gesagt
So oft der Hammer aufs Eisen schlagt.
(St. Jakob im Ahrnthal.)

❦

Der Friede sei mit allen hier,
Die da kommen her zu mir,
Mein Handwerk ist das allerbest,
Ich mache alles eisenfest.
(Schmiede in Unken.)

❦

Unter Gottes Hut,
Mit Witz, Fleiß und Mut,
Durch Feuersglut
Trotz Felsen und Flut
Bringen Erz wir zu Gut.
(Gewerkenhaus im Ahrnthale.)

❦

Ich vertraue auf Gott
Und laß ihn walten.
Ich mach neue Feilen
Und hau die alten.
(Sterzing.)

❦

Ich liebe Gott,
Lasse selben walten,
Mach neue Hüt',
Färbe auch die alten.
     (Kitzbüchl. Zell am See.)

❦

Ich liebe meinen Gott
Und lasse ihn auch walten.
Ich mache neue Hüte
Und färbe auch die alten.
     (Silberberg. Sehr verbreitet.)

❦

Dieses Haus baue ich in Gottesnahmen,
Ich handle mit Waaren und echtem Lerchensamen.
     (Celis.)

❦

Kopmanns Gut
Hat Ebbe und Flut.
Kopmanns Hand
Reicht von Land zu Land. (Hameln.)

❦

Hier gibt es Schuhe
Oben rund und unten platt,
Passen sie nicht dem David,
So passen sie dem Goliath. (Leyden.)

❦

Die Meisterschaft ist nur sehr klein,
Gelernet hat mich Gott allein.
Ich achte nicht den hohen Stolz,
Was man bestellt, mach ich von Holz.
(Tischlerei in Lermoos.)

Die Welt ist jetzt so aufgeklärt,
Drum ist der Stiefel umgekehrt,
Wann die Welt anders werd',
Kommt der Absatz auf die Erd'.
(In Arnbach auf dem Schilde eines Schusters, auf dem ein umgekehrter Stiefel gemalt ist.)

Bläst uns o Welt in deinem Haus
Der Tod das Lebenslichtchen aus,
Wird am Geruch es offenbar,
Wer Talglicht und wer Wachslicht war.
(Tuttlingen, über einer Seifensiederei.)

Zirkels Kunst und Gerechtigkeit
Ohn Gott Niemand ausleit.
(Ueber der Werkstatt eines Steinmetzen in Bern.)

Das Wasser rinnt ins Meer und nicht zurück,
Zurück kehrt auch kein Augenblick.
(Schmiede in Tyrol.)

Brunnen.

Gesegnet soll der Trunk uns sein,
Das Wasser euch und mir der Wein.
      (Frankfurt a. M., in der südlichen Promenade.)

Vom Brunn springt uns das Wasser kalt,
Darmit Gott leuth und Vieh erhalt.
Das brauch mehr, dann die starken Tranck,
Sag umb die gaab Gott lob und Danck.
Christus hat uns ein Wasser geben,
Wer davon trinkt, wirdt ewig leben.
Sein göttlichs Wort das fass und lehr,
So wird dich dürsten nimmermehr.
      (Basel, Neue Vorstadt. 1576.)

Deßwegen bin ich worden graben,
Daß man ein kühlen Trunk kann haben,
Und mag mich trinken ohne Sorgen,
Hat man kein Geld, so thue ich borgen.
      (Steiermark.)

Drinkst du Wasser in deinen Kragen
Über Tisch, verkältst du den Magen.
Drinke mäßig alten subtilen Wein
Rath ich und laß das Wasser sein.
(Kaisersberg.)

Betrachte mich! Von meinem Wesen
Wirst du, mein Freund, hier wenig lesen.
Ich weiß nicht, wo die Quelle ist,
Noch wie und wo mein Lauf sich wende.
Bedenke, wenn du klüger bist,
Stets deinen Ursprung, Thun und Ende.
(Eibbrunnen in Eberswalde.)

Steh vor mir still und schau mich an,
Hier lauf ich stets mit gleichem Muthe,
Und bin mit meinem Hab und Gute
Bereit zu dienen jedermann.
(Ebendort am Rathhause.)

Wohnhaus.

Draußen.

Ich bauw vir mich
sih du fir dich. (Colmar. 1330.)

☙

Hedden wy alle eynen gelouen
Godt un gemen nut vor ogen,
Enne elen un recht gewicht
Guten frede un recht gericht
ene munte und gudt geld
So stunde idt wol in aller weldt.
(Hildesheim, Neustädter Markt. 1545, auch in Geseke.)

☙

De warheyt ist tho himel geflogen,
De true ist overt wilde meer getogen,
De gerechticheyt ist allenthalven vordreuen,
De untrue allene ist gebleuen.
(Hildesheim. 1545.)

☙

Magis amicorum invidiam quam
inimicorum insidias cavere oportet.

(Ebenda.)

🙵

Anno Domini 1544. XXVI Augusti.
Has aedes placido superum hominumque favore
Huc posui, serves quas, pie Christe, precor.
Nicolaus Hausmann. R. D. D. F.

Deutsch:
Dieses Haus habe ich unter freundlicher Gunst Gottes und der Menschen hierher gebaut. Treuer Christus, erhalte es; ich bitte dich. *(Halberstadt.)*

🙵

De grotste Muhen, de me vint,
Is, dat me God unde sik sülven kent.

(Hildesheim. 1547.)

🙵

Anno Dom. 1549. Virtus, ecclesia, clerus, demon, simonia. Cessat, turbatur, errat, regnat, dominatur. Verbum Domini manet in aeternum.

Deutsch: Die Tugend hört auf, die Kirche ist erschüttert, der Clerus irrt, der Teufel regiert, die Simonie herrscht. Gottes Wort bleibt in Ewigkeit.

(Haus des Johann Oldekop ebendort.)

🙵

Laß brausen und sausen Wind und Meer,
Laß toben Welt und höllisch Heer.
Die dir, Herr Christ, eingeliebet sein,
Wirst du dennoch beschützen fein.

(Hameln. 1541.)

O Mensch was gedenkestu auf disser Erden
wie du mich siehst so wirstu werden.

(Neben einem Todtenkopfe. Frankfurt a./V. 1544.)

Stabit longaevos arx inconcussa per annos,
Stabit in immensos aucta propage dies,
Si qua Dei justo concepit corde timorem,
Quo sine praesidio maxima quaeque ruunt.

Deutsch:
Stehen möge die Burg unerschüttert reichliche Jahre,
Stehen durch alle Zeit, wachsen und mehren sich stets,
Wenn ja des Höchsten furcht im gerechten Herzen
 ihr weilet,
Ohne deren Geleit jegliches Große zerfällt.

(Schloß Gesmold bei Osnabrück. 1544.)

Mancher ist arm bei großem gut
Und mancher ist reich bei Armuth.

(Hildesheim. 1560.)

Gott sprichts
so geschichts. (Erfurt. 1561.)

❦

Mocte rickdom und schonhet duren,
Dat war en fordel grot.
Dar is nich op to muren,
Dat fundamente is de dot.
(Lübeck, Beckergrube. 56.)

❦

Hör up, öwer minen Namen to pipen,
Oder soll ik mi an dinem Namen vergripen?
De Niddüvel bringt uns beiden Schade,
Gott verleih uns sine Gnade. (Hameln.)

❦

God der Herr der alles vermag
Gebe uns sine Gnade Nacht und Tag,
Daß wir das Vorgängliche verachten
Und stedes nach sinem Worte trachten.
Dan hie Elend und große Nod,
Auch bald herin fält der herbe Tod.
Derhalben hilf o Vater mein,
Daß alles dis muge dein Ere sein.
Tonnis Meier bin ich genand,
Westfalen mein Vaderland. (Goslar. 1564.)

❦

Dorch dinen hillgen Dodt leue ick
Und werde nicht steruen ewichlich
Diner uperstandinge erfreie ick mich
Das fordreusch dem satan seckerlich.
(Hildesheim. 1565. Kürzlich beseitigt.)

Och nider lant din niden sin,
Wat Godt mi gunt, dat is min.
As Godt behaget,
So is beter benidet as beklaget.
(Oldersum in Ostfriesland. 1567.)

Rath nach der That
Ist viel zu spat.

Feindes Mund
Redt kein Grund.

Verzehr nicht mehr, denn du erwerbst
Sunst du im Grund gar bald verderbst.

Habe Acht wie groß sei dein Deck,
Darnach dich kehr, leg, wend und streck.
(Lüneburg. 1570.)

Spero invidiam. Deus dat cui vult.
(Hildesheim. 1570.)

Wems Gott nict geit
Hilft kein Arbeit.
(Altenburg. 1573.)

In gottes namen ward angefangen ich
Conrad Ortlieb hat erbawen mich
mit hilf gottes und seinen werckleuten
an mir hat er selbs duon arbeiten
hat mich dise dofel selbs gehauwen
den baw mag wohl jeder beschaven
wan er wer zuo festlich oder zuo schlecht
wan du bavst so machs jedem recht
er ist gemacht nach meines sins gestalt
ich weis das er nit jedem gefalt.
(Reichenweiler, Kreis Rappoltsweiler. 1574.)

Cum duo idem faciunt, placet unus, displicet alter.
Recte age, nec cura, si displiceas placeasve.
(Hildesheim. 1577.)

Satis morituro.
(Ebenda. Großer Domhof. 1579.)

Wo Gott zum Haus nicht giebt sein Gunst,
Da arbeit idermann umbsonst.
(Poschwitz in Altenburg. 1580.)

Gott ist die Anfangh und das Ende. Der wirt mein
Glück und Unglück zu einem sehligen Ende bringen.
(Hildesheim. 1581.)

Unvanck und ende
bevele ick got in Dine hende.
(Stadthagen. 1582.)

Affgonst der lude kan dich nich Schaden;
Was Godt will das mus geradenn.
(Hildesheim. 1598.)

So vil du magst, leb still für dich,
Nach hohem stand dich sehne nicht.
Vom höchsten schloß der donner kömt,
Herrn Gnad selten ein gut end nimt.
Wenn du fürhast ein wichtig sach,
So seh dich für und thu gemach,
Mit eil sol man nicht heben an,
Das man hernach nicht enden kan.
(Güstrow. 583.)

Wo Landsknecht sieden und braten
Pfaffen zu weltlichen Sachen rathen
Und d' Weiber führen das Regiment
Do nimmts selten ein guts End.
(Straßburg. 1588.)

Wer Gutes thut und hält sich zu den frommen,
Der wird Ehr und Gut bekommen.
(Fallersleben. 1595.)

Gott du alle Dinge vermaaß
behüt dies Haus bei Nacht und Taak,
Er woll uns auch geleiden
wenn wir von hier wolln scheiden.
(Goslar. 1596.)

Kein elterer Platz in Gallien ist
Dann Solothurn in diser Frist.
Ußgenommen Trier allein,
Drumb nent man sie Schwestern gemein.
Diser Turm gebawt ward ungefahr
Vor Christi geburt fünfthalb hundert jar.
(Solothurn. 16. Jahrhundert.)

Ante Romam Treviris stetit annis mille trecentis. Perstet et aeterna pace fruatur. Amen.
(Trier. Rothes Haus.)

Wer seine Zung nicht zügeln kann
Und Übel redt von Jedermann,
Derselbige wiß zu dieser Frist,
Daß ihm mein Haus verboten ist.
(Frankfurt a. M. 1607.)

Zum Schafhirten heißt man dies Haus,
Das behüte der gute Hirt überaus
Und alle, die gehn ein und aus.
(Konstanz. 1608.)

Maria milt
O Mutter zart!
Sei du mein schilt
Zur Binefart.
Gib mir die Gnad
Daß ich da find
Des Lebens Pfad
Zu deinem Kind.
(Schloß Amras. 1609.)

Simon Arnold von Hersfeld bin ich genannt,
Das Land zu Hessen ist mein Vaterland.
Auf den lieben Gott thu ich vertrauen,
Der woll gnädig dies mein Thun bauen;
Derselb woll mir dies helfen vollenden,
Leib und Seel begnaden am letzten End.
(Hildesheim. 1611.)

Rerum irrecuperabilium summa felicitas est oblivio.
(Ebenda. 1612.)

Dat vorige Hus hett meck gott beschert
Aber dat fuier hat mirs vorteret.
Noch habe ick gott vertruwet
und dut Hus nie wedder buet.
(Ebenda. 1616.)

Erhebe dich nicht in deinem Glücke,
Verzage nicht in deinem Unglücke,
Gott ist der Mann,
Der Glück und Unglück wenden kann.
(Wolfenbüttel. 1617.)

Der Wucher beraubet ohn Verdrieß
Die Leut mit seinem Judenspieß,
Legt Zins auf Zins, zaust wie ein Dieb,
Sagt nun, wo bleibt die christlich Lieb?
(Königsberg, Börse. 1624.)

Hoit dich vor de Katzen
Die vor licken und achter kratzen.
(Wiedenbrück. 1635.)

All dinck wert verghaen
Gades wort blift ewig sthaen.
(Hamburg. 1647.)

Spero invidiam.
(Gardelegen. 1656.)

Das Blutt Jesu Christi Gottes Sohn
Machet uns rein von allen sünden.
(Ebenda. 1658.)

Noah baut ihm selbst den Kasten,
Vor der Sündfluth drin zu rasten.
Niklas Schulze baut dies Haus,
Drin zu ruhn vor allem Graus.
(Landau. 1670.)

Tandem bona causa triumphat.
(Stromberg. 1672.)

Gottseligkeit die bringt zu wegen
Das unser Arbeit komt zum Segen.
(Siebenbürgen. 1681.)

Glove, Leve, Trüe, Ehre
Schlapen leider alle Vere.
(Gardelegen. 1685.)

Ich hab gebouet dieses Haus,
So Gott es will geh ich hinaus
Und laß es dem, der nach mir kömmt,
Weiß doch, daß ich ein beßres find.
(Bei Karge [Posen]. 1690.)

Pax intrantibus
Salus exeundibus. (Cette. 1692.)

Al dei mir kennen den gebe gott was sie mir gonnen.
(Hildesheim.)

Neidt Haß wie du wilt
gott bleibet doch mein schilt
Der gebe ferner segen
woran sehr viel gelegen.
(Ebenda. 1695.)

Praetereundo cave, ne taceatur Ave!
(Ebenda unter einem Marienbilde. Getilgt.)

Ach Gott gieb mir in dieser Welt,
Was mir nützt und Dir gefällt,
Denn ich weiß nicht o Vater mein,
Was mir mag nütz- und selig sein.
(Ebenda.)

Blif mi darbuten
Oder ek sla dek up de Snuten.
(Ebenda. Ueber einer Gartenthür unter einem
Mann mit einer Keule.)

Nemo sapiens, nisi patiens.
(Quedlinburg.)

Hilf Gott aus Noth,
Abgunst ist groß.
Siehst auf dich und die deinen,
Vergißt du mich und die meinen.
(Ebenda.)

Ich bin der ich bin,
Wirr ist mein Sinn,
Klein ist mein Gut,
Groß ist mein Muth. (Ebenda.)

☙

Domus docuit struere primas necessitas.
Easdem rursus amans commoditas auxit.
Quodsi voluptas accesserit nescia modi
Fit crimen; aedes tu beatas expete.

Deutsch:
Die ersten Häuser zu bauen lehrte die Noth.
Dieselben erweiterte die sie liebende Bequemlichkeit.
Tritt nun die Ueppigkeit hinzu, die kein Maß kennt,
So wird es Sünde. Strebe du nach den seligen
                Wohnungen. (Ebenda.)

☙

Credite posteritas, quae nostras incolis aedes,
Disce timere deum, sic benedicta manes.
        (Olsberg. Kropffs Haus. 1701.)

☙

Fasse die Gebote Gottes zu Hertzen
und lehre sie deine Kinder
und schreibe sie an die Pforte deines Hauses.
                      (Gardelegen. 1707.)

☙

Kehr bei uns ein, Herr Jesu Christ,
Weil du der rechte Hausherr bist.
               (Streek bei Hatten. 1712.)

☙

Menschlich Anschlag gelten selten,
sonder was Gott will thuet gelten.
Darum o Mensch sorg nit zu vyl
es gilt was Gott haben wil. (Wald. 1717.)

O Mensch, gedult dich in der not
hof und traw
allein auf Gott
hast du gluck
erheb dich nicht
hast du ungluck verzage nicht
dann gott ist der rechte mann
der gluck und ungluck wenden kann.
(Saarunion. 1718.)

Herr in deinem Namen geh ich aus
Bewahr alzeit das gantze Haus.
Mein Hausfrau und auch Kinder mein
Laß dir o Gott befollen sein. (Wald. 1730.)

Ruhm und du, geflügelt Gold,
Ich entsag euch beiden;
Wenn ihr selbst mich suchen wollt,
Will ich euch nicht meiden.
(Minden. 1752.)

von Padberg, Haussprüche.

Ich wohne zufrieden, bin ruhig und still,
Erwarte das Glücke sowie Gott es will.
(Wabbens. 1757.)

❦

Bestelle doch dein Hauß, wär gleich der Tod noch weit,
So ist doch nur ein schritt zur langen Ewigkeit.
(Wyla. 1768.)

❦

Gott hat es mir auch anvertraut
Das ich ein Haus hab an die Stras gebaut,
Darinnen will ich leben from
Bis ich zu Gott in den Himmel kom.
(Ried. 1769.)

❦

Wir wandern wenig Jahre
Sehr mühsam auf der Welt,
Bis uns die Todten Bahre
Ins Grab zusammengesellt.
(Unterinn. 1769.)

❦

Man möchte wünschen, daß die Redlichkeit
Nicht wäre so verschwunden,
Dann hätte man in dieser Zeit
Noch mehr vergnügte Stunden.
(Bei Osnabrück. 1775.)

❦

Hab Gott vor Augen allezeit
Und denk an seine Barmherzigkeit.
Laß ihn aus deinem Herzen nicht,
Weil er die Seligkeit verspricht.
(Bei Treyta in Württemberg. 1791.)

❦

Ich laß die Neuter neuten und die Haßer haßen,
Und was mir Gott gint, müßen sie mir doch laßen,
Ich bin ein Mensch und weiß mein Ziel,
Wer mich veracht, daucht selbst nicht viel,
Viel Falschheit ist auf mich gedicht,
Ich bin ein Mensch und acht es nicht.
(Loschwitz. 1796.)

❦

Bauen war eine Lust
Aber was es gekost
Hab ich vorher nicht gewußt.
(Brütten. 1800.)

❦

Wenn einer will bauen an Gaffen und Straßen,
Muß er sich von vielen Narren tadeln laffen;
Ich es aber gar nicht acht,
Nach meinem Kopf hab ichs gemacht.
(Bülach. 1800.)

❦

Eintracht sei des Haufes Sonne,
Der Bewohner Glück und Wonne
Segen und Zufriedenheit.
Laß, o Herr, in Zions Garten
Eine Wohnung für uns warten
In dem Land der Herrlichkeit.
(Klosters in Prättigau. 1812.)

❦

Jesu deiner Engel Macht
Bleib im Hause Tag und Nacht,
Daß kein Feuer noch Wassersnoth
Meine Wohnung nehme fort.
Das bitte ich mein Gott von Dir,
Daß mein Haus mag bleiben hier
Und wir dich drin loben können
Daß dein Nam werd hoch erhoben.
Herr deine große Gütigkeit
Walt über uns in Ewigkeit.
(Russikon. 1820.)

Gott bleib mit seiner Engelwacht
In diesem Hause Tag und Nacht.
(Schöckingen. 1825.)

Alles Thun auf Gott gebaut
Und nicht jedermann getraut
Redlich aber und gerecht
Niedrig doch nicht gar zu schlecht
Nicht zu blöd, doch nicht zu frei
Still und doch beredt dabei
Viel Geduld bei wenig Geld
Da kommt man fort in der ganzen Welt.
(Mundolsheim, Kreis Straßburg. 1820.)

Der Erde schönstes Gut
sind Haus und Vaterland
wen in denselben Ruh
und Friede herrscht und wohnt
halt über beide stets
Gott deine Vaterhand
daß Wetterstrahl und Brand
und wilder Krieg sie schont.
(Eckwersheim bei Straßburg. 1850.)

Fried und Freid
mög Gott den geben die in
diesem Hause leben daß sie sich
bemühen auf Erden Ewig glück
lich einst zu werden.
(Breuschwickersheim bei Straßburg. 1844.)

Mit Gott will ich in allen Sachen
Den Anfang und das Ende machen;
Wird Gott mir selber alles sein,
So stellt sich lauter Segen ein.
(Dreileben. 1850.)

Wenn eener kümmt und tau mi seggt:
„Ik mach dat allen Minschen recht",
So sach ik: „Leiwe Fründ, mit Gunst,
Lehre 's mi doch dese swere Kunst."
(An Fritz Reuters Haus in Eisenach.)

Ich hab gebaut nach meinem Sinn,
Drum Neider geh nur immer hin,
Und wem die Bauart nicht gefällt,
Der bau es besser für sein Geld.
    (Pitschen in Oberschlesien. 1862.)

❦

Nur in der Häuslichkeit gemeſſnem Frieden
Iſt uns des Lebens wahres Glück beſchieden.
    (Bei Oelde. 1868.)

❦

Viel Köpfe, viel Sinne,
Viel Löcher, viel Pinne,
Schau herein
Und laß das Tadeln sein.
    (Nordborchen bei Paderborn.)

❦

Willſt du ſein ein guter Chriſt,
Bauer, bleib auf deiner Miſt.
Laß die Narren Freiheit ſingen,
Düngen geht vor allen Dingen.
    (Auf der Warte bei Paderborn.)

❦

Aller Menſchen Sinn und Muth
Geht auf Ehre, Geld und Gut,
Und wenn ſie's haben und erwerben,
Dann legen ſie ſich hin und ſterben.
    (Bei Paderborn. Sehr verbreitet.)

❦

Wer will borgen,
Der komme morgen,
Heute ist der Tag,
Daß man bezahlen mag.
(Wirthshaus bei Paderborn. Kommt vieler Orten vor.)

Was steht ihr hier vor meinem Haus
Und laßt die bösen Mäuler aus?
Ich habe gebaut, wies mir gefällt.
Es hat mich gekostet ein schön Stück Geld.
(Bredenborn.)

Wenn ich könnt die Jungfern gieren,
Wie ich das Haus kann renoviren.
So wär ich Meister in der Welt
Und hätte mehr als jetzt an Geld.
(Franken.)

Gott gebe allen die mich kennen
Was sie mir gönnen.
(Melsungen. Oft.)

Ich achte meine Hasser
Gleichwie das Regenwasser,
Das von den Dächern fließet.
Ob sie mich gleich meiden,
So müssen sie doch leiden,
Daß Gott mein Helfer ist.
(Schwarzenberg in Hessen.)

Blumen machen ist sehr gemein,
Aber den Duft geben kann Gott allein.
(Kirchhof bei Melsungen.)

❦

Wenn ich wäre so schön wie Absalon,
Und so stark wie Simson,
Und so weise wie Salomon,
Und hätte dem türkischen Kaiser sein Reich,
So würde ich doch dem Tode sein gleich.
(Obermelsungen.)

❦

Dies Haus ist mein
Und doch nicht mein,
Wer nach mir kommt,
Bleibt auch nicht drein:
Meine Wohnung soll im Himmel sein.
(Ebenda.)

❦

Heiliger Sankt Florian,
Beschütz mein Haus, zünd andre an.
(Bredenborn.)

❦

Traue keinem Mädchen auf gruniger Haid,
Und keinem Jud auf seinen Eid,
Keinem Schäfer auf sein Gewissen:
Sonst wirst du von allen dreien bes......
(Wohra bei Marburg.)

❦

Ein guter Trunk, ein guter Bissen,
Ein fröhlich Herz, ein gutes Gewissen,
Ein weiches Bett, ein schönes Weib
Erquickt dem Mann das Herz im Leib.
(Ebenda.)

Zwei jung gebratene Tauben kalt,
Ein Mädchen von achtzehn Jahren alt,
Wem das nicht gefallen mag,
Der ist ein Narr auf sein Leben lang.
(Ebenda.)

Die Wahrheit ist gen Himmel gefahren,
Die Freiheit ist über das Meer geflogen,
Die Gerechtigkeit thut hie zu Schanden werden,
Weil Unrecht ist geblieben auf Erden. (Ebenda.)

Wenn Haß und Neid brennten wie Feuer,
Dann wäre das Holz nicht also theuer.
(Bei Pyrmont.)

Wenn Neid und Haß brennte wie Feuer,
So wär das Holz nicht halb so theuer.
(Stallikon.)

Dieß Hus, das stoht in Gottes Hand,
Bhüts Herre Gott vor für und Brand,
Vor Ungelück und Wassersnoth:
Mit Einem Wort, lass stohn wies stoht.
(Brütten.)

Ein rother großer Ackerstein,
In viele Stück zerbrochen klein
Durch Menschenhänd und Pulvergwalt
Macht jetzund dieses Haus Gestalt.
Vor Unglück und Zerbrüchlichkeit
Bewahr es Gottes Gütigkeit
Von nun bis in Ewigkeit. (Höngg.)

Auf Gottes Gnad der Welt zum Trutz
Trau ich all Zeit, er ist mein Schutz.
(Turbenthal.)

Was stehst du da und thust mich schelten?
Geh deine Straß und laß mich gelten.
(Affoltern.)

Wer dieses Haus jetzt tadeln will,
Der stehe nur ein wenig still
Und denk in seinem Herzen frei,
Ob das seine daheim besser sei.
(Niederwenigen.)

Allen leuten recht gethan,
Das ist ein thun das niemand kan.
(Affoltern.)

Wer guter Meinung kommt herein,
Der soll mir lieb und willkomm sein,
Wer aber anders kommt herfür,
Den hab ich lieber vor der Thür.
(O. Winterthur.)

Mein Wandel soll im Himmel sein
Ob schon ich leb auf Erden
Ein Pilger bin ich hier, allein
Dort hoff ich bürger zwerden. (Wald.)

❦

Schimpfen kann ein jeder Bauer,
Besser machen fällt ihm sauer,
Jeder baut nach seinem Sinn,
Keiner kommt und zahlt für ihn.
(Vorarlberg.)

❦

Allen zu gefallen kann möglich nicht sein,
Es sein viel zu viel Köpf und viel zu wenig Verstand
darein.
(Kirchdorf.)

❦

Willkommen fremdling oder freund,
Sollst sorglos bei uns weilen,
Und all was Herz und Haus dir beut
Recht fröhlich mit uns theilen.
(Schloß Hart bei Graz.)

❦

Es werden gar Viele im Leben sich fragen,
Wo findet der Mensch sein Glück und die Ruh,
Da wird eine Stimme vom Himmel ihm sagen:
Es führen die Pfade des Todes dazu.

Dann blühen der Seele erst reinere Freuden,
Wenn die Hülle des Körpers in Staub hier zerfällt.
Dann schwindet der Schmerz, der Kummer, die Leiden,
Sobald zu den Engeln der Geist sich gesellt.
(Schloß Amras.)

🍀

O Maria, Jungfrau rein,
Laß uns ewig bei dir sein,
Beschütze unser Haus und Rinder
Und die Ochsen und die Kinder.
(Pinzgau bei Salfelden.)

🍀

Hac ne transeas via, nisi dixeris Ave Maria.
Geh vorbey sei wer er woll, ein Ave Maria er beten soll.
(Brixen.)

🍀

Steh still mein liebes Kind,
Weißt du denn nicht, daß ich dein Mutter bin?
Wer sorgt denn mehr für dich als ich?
So steh denn still und grüße mich.
(St. Jörgen bei Bozen.)

🍀

Heiliger Florian, beschütze dieses Haus
Und lösch des Feuers Flammen aus.
(Bei Landeck, Tyrol.)

🍀

Heiliger Florian,
Sei du unser Patrian,
Verschon unsere Häuser,
Schür andere dafür an.
(Taur.)

🍀

Trau nicht der Welt,
Trau nicht dem Geld,
Trau nicht dem Tod,
Trau nur auf Gott. (Fulpmes.)

❧

Gott lieben ist die schönste Kunst,
Die schönste Kunst auf Erden,
Wer anders liebt, der liebt umsunst
Und kann nicht selig werden. (In Tyrol oft.)

❧

Des Menschen Lehr' und Kunst
Bleibt ewig Irwischdunst!
Drum hause ich so gern
Hier von den Menschen fern.
(Schloß Freundsberg bei Schwaz.)

❧

Wenn ich 1000 Ochsen hätte
Und ein schönes Weib im Bette,
Brauchte keine Steur zu geben,
Dann wollt ich ohne Sorgen leben. (Lans.)

❧

Wenn ich hundert Ochsen hätte
Und ein junges Weib im Bette,
Und brauchte keine Steuer zu geben,
Das wäre wahrlich ein lustiges Leben.
(Burgholz in Hessen.)

Ein Mann, der muß wohnen in ander Leut Häuser,
Der ist ärmer als ein Kardäuser.
(Hart im Zillerthal.)

❦

Wer dir fremdes tragt ins Haus,
Tragt auch solchs von dir hinaus,
Wer dir die Fehler von andern erzählt,
Erzählt auch die deinen der Welt.
(Scheffau, Unterinnthal.)

❦

Da es mir wohl erging auf Erden,
Wollten alle meine Freunde werden,
Da ich kam in Noth,
Waren alle Freunde todt.   (Fulpmes.)

❦

Sie haben Einen Gott und Herrn
Und Eines Leibes Glieder,
Drum hilf den Armen und Kranken gern,
Denn wir sind alle Brüder.
(Inzing, am Armenhause.)

❦

Der Jurist mit seim Buch,
Der Jud mit seim Gesuch
Und was unter der Frauen Fürtuch,
Dieselben 3 Gschirr
Machen die ganze Welt irr.

(Links ein Jurist mit Buch, Talar und Barett, rechts ein bärtiger Jude, in der Mitte ein weibliches Wesen mit halbentblößter Brust.)
(Weinhaus in Wasserburg.)

❦

Sag nichts hinein — nichts hinaus —
So ist der Friede stets im Haus. (Kundl.)

❧

Wir bauen Häuser hoch und fest,
Darin sind wir nur fremde Gäst,
Doch wo wir sollten ewig sein,
Da bauen wir gar wenig drein.
(Ebbs. Sehr verbreitet.)

❧

Dies Haus gehört nicht mein,
Der nach mir kommt, wirds auch nicht sein,
Man trug auch den dritten hinaus,
Ach Gott, wem gehört dieses Haus!
(Laimach.)

❧

Das Haus ist mein und auch nicht mein,
Den einen tragt man hinaus,
Den andern jagt man draus,
Wem gehört nun das Haus?
(Schanz bei Kufstein.)

❧

Herr laß mich nach der Wohnung trachten,
Da, wo man ewig bleiben kann,
Herr, lehr mich auf den Himmel achten,
Den seh ich als mein Heimath an.
So ist mein Haus
Hier auf der Welt
Und auch im Himmel
Wohl bestellt. (Ramsau bei Schladming.)

❧

Das ist das Beste auf der Welt,
Daß Tod und Teufel nimmt kein Geld,
Sonst müßte mancher arme Gsell
Für einen Reichen in die Höll. (Imst.)

🙵

Gewiß ist der Tod, ungewiß der Tag,
Die Stund auch Niemand wissen mag,
Darum thue Gutes, gedenke dabei,
Daß jede Stund die letzte sei.
Ach Gott hilf mir erwerben
Christlich zu leben und selig zu sterben.
Christlich gelebt und selig gestorben
Ist genugsam auf Erden erworben. (Plars.)

🙵

Gib acht, daß dir
Dein Weib nicht tschappier! (Imst.)

🙵

Gottes Segen und des Bauern Hand
Erhält das ganze Vaterland. (Ganjern.)

🙵

Im schönen Tempel der Natur
Siehest du des großen Gottes Spur.
Willst du ihn noch größer sehn,
So bleib bei seinem Kreuze stehn.
(Coitsach-Thal.)

🙵

Nord und Süd, de Weld ist wid
Ost und West, to Hus ist best.
(Lübeck, Pferdemarkt.)

🙵

Ora labora, deus adest sine mora.
(Lübeck, Fischstraße.)

Vater, schütze diese Scheune
Vor dem Feuer, Wasser, Sturm.
Fülle segnend ihre Räume,
Du, der nicht vergißt den Wurm.
Lange blühe mein Geschlecht,
Lebe fromm und wandle recht.
(Kietz, Elbe.)

Ich baue nicht aus Lust und Pracht,
Die Noth hat mich dazu gebracht.
Bewahr uns Gott vor Feuersnoth
Und gieb uns unser täglich Brot. (Ebenda.)

So oft du eingehst durch die Thür,
O Mensch bedenke für und für,
Daß unser Heiland Jesus Christ
Die rechte Thür zum Himmel ist. (Ebenda.)

Der Herr ist mein gewisses Ziel,
Mein Reichthum und mein Segen,
Ich mag haben wenig oder viel,
Daran ist nichts gelegen. (Uelzen.)

von Padberg, Haussprüche. 7

Will Gott, so geschichts,
Hinderts Gott, so brichts.
Nach Gott ichs richt,
Sonst will ichs nicht. (Erlangen.)

※

In Lieb und Leid
Ist Gott allzeit
Mein Hülff, mein Trost, mein Seligkeit.
(Hameln.)

※

Gott giebt mehr an einem Tag,
Als ein Königreich vermag.
Je mehr er giebt, je mehr er hat,
Dennoch bleibt er der reiche Gott.
(Tratzberg)

※

Wo Fried und Einigkeit regiert,
Da ist das ganze Haus geziert.
Wo herrschet Zank und Neid,
Da ist auch keine Christenheit.
(Baldringen im Ries.)

※

Ich heiß willkommen, wer hier eintritt,
Zu bringen den Frieden, zu ehren die Sitt.
Ein'm jeden steht offen Thür und Haus,
Der mit Gott geht ein, mit Gott geht aus.
Jeder gute Gast
Findet hier Rast.
(Schloß Lebenberg bei Meran.)

Wat frag ick nah de Lü,
Min Herrgott helpet mi. (Hameln.)

⁂

Gott bewahr dies Haus, Feld, Vieh und Säu,
Jakob Baumann und Barbara Frey. (Bei Solothurn.)

⁂

Was dich nicht angeht,
Das laß bei dir hingehn. (Hameln.)

⁂

O Gott bewahre dieses Haus,
Und lasse Doktor und Advokaten raus. (Küstelberg.)

⁂

Willst du den Bau nicht weinen,
Bau nur mit eignen Steinen. (Hannover.)

⁂

Heiliger Florian, du sackrischer Schwanz,
Wir brauchen dich nimmer, wir habn Assekuranz. (Franken.)

⁂

Aus unbedachten Reden
Kommen viel Sünd und Schäden.
Der ist gescheid und voller List,
Der seiner Rede ein Meister ist. (Auerbach, Oberpfalz.)

⁂

Hoffnung auf beßre Zeiten, wo weilt sie?
Sie fragt nach beßren Leuten, wo sind sie?
(Ostpreußen.)

❧

Bremen sei indächtig,
Laß nit mehr in, du siest ihr denn mächtig.
(Bremen. Stadtthor.)

❧

Geht ein und aus mit frommem Sinn,
Dann wohnen frohe Leute drin.
(Hallermühle im Leine-Thal.)

❧

Aus Gottes reicher Milde hat
Der Bäcker Brot und Brot die Stadt.
(Hameln.)

❧

Dies Haus hab ich für mich gemacht,
Ob man spottet oder lacht,
Ein Jeder baut nach seiner Nase,
Ich heiße Conrad Wilhelm Hase.
(Hannover.)

❧

Glaube, Liebe, Treu und Recht,
Diese vier haben sich schlafen gelegt.
Wenn sie werden auferstehn,
Wirds in der Welt mit Recht zugehn.
(Elleringhausen, Sauerland.)

Der Herr beschütze Korn und Wein,
Der Hagel schlage die Fenster ein.
(Haus eines Glasers in Wittlage.)

🟊

Wenn die Herrn im Rathhaus sitzen,
Die Handwerksleut in der Arbeit schwitzen,
Die Bauern auf das Feld ausgehn,
So muß das Land in Frieden stehn.
(Osnabrück.)

🟊

Gott, bleib mit deiner Engelwacht
In diesem Hause Tag und Nacht.
(Schöckingen.)

🟊

Gottes Gnad
Ist der beste Hausrath.   (Leonbronn.)

🟊

Die Alten ehr,
Die Jungen lehr,
Dein Haus ernähr,
Des Zornes dich wehr!   (Wismar.)

🟊

An Gott des Herren Segen
Ist's in Allem gelegen.
Wenn der's will haben geschehen,
Mögen die Leute zusehen.   (Goslar.)

🟊

Gott, der alle Ding vermag,
Behüte dies Haus bei Nacht und Tag.
Er will uns geleiten,
Wenn wir von hinnen scheiden.
Wir sind hier elende Gäste,
Doch wir bauen hohe Neste.
Wär besser, wir thäten mauern,
Da wir möchten ewig dauern.
Das Zeitlich' hat doch nur den Schein,
Das Gute hat Lohn, das Böse Pein.
Drum laßt uns das Zeitlich' verachten
Und stets nach dem Ewigen trachten.
(Ebenda.)

Wer sich nicht kann wehren,
Wird sich nicht lange nähren. (Basel.)

Wie es Gott besagt,
Ist besser beneidet als beklagt.
(Emden.)

Wenn Alles allhie würd geschlicht't,
Wozu wär noch das jüngst Gericht?
(Thorn.)

Die Höhen trifft der Sturm
Und trifft sie öfters gar.
Ein niedrig Haus besteht,
Groß Haus hat groß Gefahr. (Chur.)

Mach, du stiller Morgenstern,
Daß die Juden sich bekehr'n,
Irrthum lassen, endlich fassen,
Daß ein Gott, Personen drei,
Christus der Messias sei.

(Pfersen. Unter einem Marienbilde neben der Synagoge.)

Wünsch dir nie ein Glück zu groß
Und nie ein Weib zu schön,
Der Himmel könnte dieses Loos
Im Zorn dir zugestehn.

(Burg Cochem.)

Hier wohnt der Herr „Schulze" mit Ehren zu sagen,
Muß sich mit Bauer und Edelmann plagen.

(Kreis Salzwedel.)

Da es mir wohl erging auf Erden,
Wollten Alle meine Freunde werden,
Da ich aber kam in Noth,
Waren Alle mausetodt.

(Vulpmes in Tyrol.)

Jagdhaus in Jassing bin ich genannt,
Steh in Hubertus heiliger Hand,
Ich hoffe zu stehn auf Ewigkeit,
Weidgerechte, fröhliche Jägersleut.

(Jassing in Obersteiermark.)

Das Alte flicken,
Das Neue halten,
In die Welt sich schicken
Und Gott lassen walten. (Engsberg.)

❦

Ich lach auf die Welt,
Mein Haus ist bestellt,
Mein Haus ist bezahlt,
Ich hab nicht geprahlt,
Ich stell mein Haus in Gottes Hand,
Der wird es hüten vor Schand und Brand.

❦

Gott behüt dies Haus so lang,
Bis ein Schneck die Welt ausgang
Und ein Ameis durst so sehr,
Bis sie austrinkt das ganze Meer.
(Tyrol.)

❦

Nimm ein Weib um das, was sie hat,
einen Freund um das, was er thut,
eine Waare um das, was sie gilt.
(Bauernhaus am Fuße des Wechsels.)

❦

Es giebt nur ein böses Weib, aber jeder meint,
er hätt es. (Ebenda.)

❦

Keiner nehme ein Weib, er könne denn drei
ernähren. (Ebenda.)

❦

Wenn falsche Münder sprechen,
Wenn falsche Zungen stechen,
Ist mein Gewissen frei,
So kann es mir nicht schaden,
Ob man mich schon verdammt.
Bin ich bei Gott in Gnaden,
Was frag ich nach der Welt.
Mein Richter ist ja Gott,
Da ficht mich gar nicht an
Der frechen Feinde Spott.
(Kaiß in Siebenbürgen.)

❦

Was geschehen ist, seit die Welt steht, braucht nicht
zu geschehen, so lange die Welt steht.
(Calmesch, ebenda.)

❦

O Jesu, dein ist dieses Haus,
Halt alles fest in Gnaden.
Du bist der Armen Schutz und Stärk,
Behüt uns vor allem Schaden.
(Michelsberg, ebenda.)

❦

Wieviel Arbeit, Müh und Sorgen
Kostet solch ein Haus von Stein,
Nur vom Abend bis zum Morgen
Kann der Hausherr drinnen sein.
(Ebenda. 1868.)

Wird einst mein Staub zu anderm Staub begraben,
Sei mein Nachruhm der, der Welt genützt zu haben.
(Hausspruch, bewahrt im Museum des Karpathenvereins
in Hermannstadt.)

Zur Ewigkeit
Sei stets bereit,
Dem Frommen lohnen
Dort ewige Kronen.   (Ebenda.)

Mein Haus und doch nicht mein Haus,
Wenn Gott es will, muß ich hinaus.
(Wismar.)

Laß dich Herr Jesu Christ
Durch Gebet bewegen
Komm in mein Haus
Und gieb uns deinen Segen.
(Hagenow in Mecklenburg.)

Herr ich lasse dich nicht,
Du segnest mich denn.
(Büdnerhaus im Amt Hagenow.)

Klein aber mein.
(Schloß Dreilinden bei Potsdam.)

❦

Häuser bauen hier auf Erden
Ist nur lauter Eitelkeit.
Laßt uns bauen, daß wir werden
Bürger jener Herrlichkeit.
(Ganderkesee.)

❦

Willkommen, Freund, an dieser Stelle!
Hier wohnt des Landmanns stilles Glück,
Tritt froh herein, laß an der Schwelle
Was dich beschweren kann, zurück.
(Dobitschen in Altenburg.)

❦

Mit Gott hab ich gebaut,
Mit Gott hab ich begonnen,
Auf Gott hab ich vertraut,
Mit Gott hab ich gewonnen.
Gott steht mir ferner bei,
Er wird mir helfen aus,
Daß ich stets glücklich sei
Mit meinem ganzen Haus.
(Wilchwitz in Altenburg.)

❦

Gott mein Fels, so steh ich fest,
Wenn sich Wind und Stürme regen,
Mag der Adler doch sein Nest
Auf die höchsten Berge legen;
Wer des Schöpfers Huld vertraut,
Der hat auf einen Fels gebaut.
(Unter-Molbitz in A.)

Gottes Güt und Treu
Ist alle Morgen neu.
(Graicha i. A.)

Hi sunt securi, qui tentant vivere puri.
(Wintersdorf i. A.)

Die Demuth ist die Kerze
Und überschönes Licht,
Wodurch uns in das Herze
Die Selbsterkenntnis bricht,
Die uns kann unterweisen,
Wie man die Welt verschmäht,
Und die uns lehret preisen
Des Höchsten Majestät.
(Rittergut Kauerndorf i. A.)

Man muß arbeiten, als ob man ewig lebe,
Und leben, als ob man heute sterbe.
(Klein-Stechau i. A.)

Kirchengehn und Frühaufstehn
Kost nicht viel und steht doch schön.
(Zschöpperitz i. A.)

❦

Des Hauses Schmuck ist Reinlichkeit,
Des Hauses Glück Zufriedenheit,
Des Hauses Segen Frömmigkeit.
Glücklich frohe schöne Stätte,
Wo Friede und Zufriedenheit
Das Haus zum Sitz des Segens weiht.
(Korbussen i. A.)

❦

Der Tugend treu, dem Laster feind
Und mit Allen gutgemeint!
(Zürchau i. A.)

❦

Die Treu und Redlichkeit wird wohl am längsten gelten.
Warum? Sie wird nicht abgenutzt, man braucht sie
selten.
(Bei Jburg; auch in Rodameuschel i. A.)

❦

Die Treu und Redlichkeit wird wohl am längsten gelten,
Sie wird nicht abgenutzt, denn man gebraucht sie selten.
Der Glaube und die Liebe, das sein zwei feste Gründe,
Man suche hier und dort und wird sie doch nicht finden.
Ich aber laß die Welt bei ihrem Thun und Wesen
Und halt mich an das Wort, wie ich es dort gelesen.
(Prehna i. A.)

❦

Ich habs gebaut; doch wirds zu Staube,
Wenns Gott nicht schützt, das ist mein Glaube.
Ich wohne drin; doch freudlos bliebe
Es mir, wohnt nicht darin die Liebe.
Verlaß ichs einst, dann will ich hoffen,
Daß mir ein Vaterhaus steht offen.
(Windischleuba i. A.)

Das Kreuz ist hoher, fester Glaube,
Der in der Liebe thätig ist.
Dies zeigt das Herz, und aus dem Staube
Erhebt sich so der wahre Christ.
Hält er am Hoffnungsanker fest,
So ist er froh in Nord und West,
Und bei den Fluren voller Pracht
Denkt er an Gottes Güt' und Macht.
(Gröba i. A.)

Halt dich rein
Und acht dich klein,
Sei gern mit Gott und dir allein
Und mach dich nicht gar zu gemein.
(Dobraschütz i. A.)

Junges Blut
Spar dein Gut
Armuth im Alter wehe thut.
(Frankenau i. A.)

Du magst ein stilles Leben führen,
Nur flieh die stete Einsamkeit!
Wie Bilder deine Stube zieren,
So lieblich ist ein Freund zur Zeit;
Läßt dir dein Kummer keine Ruh,
So sprich dem guten Freunde zu.

(Meuselwitz i. A.)

Ihre kaiserliche Majestät will haben ihren Tribut.
Der Edelmann spricht: Ich habe ein frei Gut!
Der Pfarrer spricht: Bin frei!
Der Jude spricht: Treibe ich meine Schinderei!
Der Soldat spricht: Ich gebe nichts!
Der Arme spricht: Ich habe nichts!
So spricht der Bauer: Ich muß geben,
Daß diese alle haben das Leben.

(Dobraschütz t. A.)

Man muß lange spazieren gehen, ehe man eine
Bratwurst findet.

(Drosen i. A.)

Ich kehre mich nichts dran,
Ich laß die Leute klügeln,
Wer kann denn Jedermann
Das lose Maul verriegeln?
Ich kann nicht besser leben,
Als daß ich dazu lach,
So haben sie vergebens
Sich viele Müh gemacht.

(Rensa i. A.)

Wenn die Henne kräht vor dem Hahn
Und das Weib redet wider den Mann,
So soll der Mann das Weib auf das Maul schlan.
(Dobraschütz i. A.)

Wer nicht will Heu rechen,
Wenn die Mücken stechen,
Der nehme im Winter ein Strohseil
Und frage: Wo ist Heu feil?
(Rodameuschel i. A.)

Gottes Gnad, gesunden Leib,
Ein warmes Bett, ein schönes Weib,
Ein gut Gewissen, viel baares Geld,
Das ist das Beste auf der Welt.
(Meuselwitz i. A.)

Der Mensch lebt so dahin
und nimmt es nicht in Acht
wie jede Stunde ihm
das Leben kürzer macht.
(Kauerz in Tyrol.)

Wer im Ernste wie im Spaße
Unrecht denkt und spricht von mir,
Zupfe sich an seiner Nase,
Kehre erst vor seiner Thür.
(Treysa in Württemberg.)

Vor seiner Thüre kehre jeder rein,
So wirds im ganzen Dorfe rein sein.
(Ebenda.)

Geh ohne Stab nicht durch den Schnee,
Und ohne Steuer nicht zur See;
Geh ohne Gebet und Gottes Wort
Niemals aus deinem Hause fort.
(Ebenda.)

Nach gutem Alten
Neu zu gestalten,
Um schönen Neuen
Sich zu erfreuen,
Wird Niemand gereuen.

(An einem Chorhaus, das in altdeutschem Geschmack an ein modernes Haus angebaut worden ist, in Großenhain. [Nach Geibel.])

Gott muß schicken
Wenn's soll glücken.
(Brauerei in Leipzig. 1872.)

Ich bin
Dem einen zu groß,
Dem andern zu klein,
Dem dritten zu grob,
Dem vierten zu fein,
Dem fünften zu eckig,
Dem sechsten zu scheckig:
Doch Häuser und Narren
Die haben halt Sparren.
(Freiburg im Breisgau.)

Arbeit, Nüchternheit, Gebet,
Rechtthun, Wohlthun früh und spät,
Reine Sitte, wahres Wort
Soll hier wohnen fort und fort.
(Bei Gimbte, Kreis Münster.

Wohnhaus.

Unter Dach und Fach.

O Gott Ich bit
bewahr mein trit
so fall ich Nit.
(Wyla. Über der Treppe. (701.)

An Krafft und Athem dir gebrist,
Merk auff dieweil du sterblich bist.
(Basel. Ebenda.)

Die Stubenthür geht auf und zu.
Im Himmel ist die ewge Ruh. (Stadel.)

Wer dem Gebätt ist hold
Und braucht das für und für
Ein Schlüssel rein von Gold
hat er zur himmelstür.
(Ruisikon.)

Kommt ein Langer, so will ich sagen,
Daß er den Kopf nicht soll anschlagen,
Die Stube ist allein für die,
Die den Kopf hochtragen nie. (Appenzell.)

❦

Ach Gott hilf mir erwerben
Christlich zu leben und selig zu sterben
Christlich gelebt und selig gestorben
Ist ja genugsam auf Erden erworben.
(Ried. 1769.)

❦

Folgende sechs Sprüche finden sich im Saale des Görres-Baues in Koblenz:

Wir Schiffleut ha'n den ältesten Stand,
Beweisen es ohne Kniff;
Die ganze Menschheit, das ist bekannt,
Stammt ja aus Noah's Schiff.

Gruß auch von diesen Wänden
Sei den gelehrten Ständen,
Die richten, heilen, lehren,
Der Weisheit Schätze mehren,
Und helfen, daß wir sterben
Einst als des Himmels Erben.

Wir hauen, hobeln und fügen das Holz
Und zimmern die Häuser niedrig und stolz,
Darin den ganzen Hausrath,
Die Wiege und auch die Todtenlad.

Uns Gärtner, Bauern und Wingertsleut'
Sollt halten in Ehren alle Zeit;
Was Gott läßt wachsen in Wingert und Feld,
Ha'n wir mit unserer Arbeit bestellt.

Feder, Amboß, Hobel, Scheere,
Was sich regt zu Gottes Ehre,
Was sich regt zu Menschen Frommen,
Sei von Herzen hier willkommen.

Bete und arbeite mit Vernunft,
Hast Segen mit und ohne Zunft.

❧

Zur Zeit, als wir die Franzosen hauten,
Entstanden diese drei deutschen Bauten.
(Kassel, Kölnische Straße 73.)

❧

Folgende 21 Sprüche finden sich im großen Saale des Jagdschlosses Promnitz des Fürsten von Pleß, das nach dem Brande 1867 neu erbaut ist.

Viel jagen und viel fangen,
Darnach steht mein Verlangen.

Jäger haben einen guten Schlund
Und essen und trinken zu jeder Stund.

Wer hat den Hasen trinken sehn,
Der muß noch früher als früh aufstehn;
Daher kam Menschen die Entdeckung,
Ein Trunk sei guten Muths Erweckung.

Die alten Götter sind nicht gestorben,
Die alten Künste sind nicht verdorben;
Die alten Schäfer, die alten Jäger
Sind mancher tiefen Kunde Pfleger.

Vom Birkhahn die Federn,
Vom Hirsch das Geweih,
Vom Gemsbock die Krickle,
Vom Dirndl die Treu.

Der Hirsch, wenn er scheidet vom alten Jahr,
Wirft sein Geweih zum Opfer dar.
Im nächsten Sommer sollt ihr's sehn,
Wie stolz ihm die stärkern Geweihe stehn,
Und so erzählt er mit seinen Sprossen,
Was er erlebt, gedarbt, genossen.

Das merkt Ihr Jagdgenossen,
Eine Rede, wie schön sie sei,
Hat nie einen Hirsch geschossen,
So ists und bleibts dabei.

Ein schönes Augenpaar,
Das ist das Doppelgewehr,
Dem sich der Jäger ergiebt,
Da hilft kein Trotzen mehr.

Vom Gemsbock lern das Steigen,
Das Pürschen lern vom Fuchs,
Vom Spielhahn lust'gen Reigen
Und kecken Griff vom Luchs.

Der Frühling mit Mai und mit Rosen
Ist für Weiber, Poeten und Franzosen;
September Oktober mit herbstlichem Wind
Dem deutschen Jäger der Frühling sind.

Rothwild zu treiben laßt ihr wohl bleiben,
S' geht in der Regel in die Quer,
Kommt immer nur von ungefähr.

Wer nicht Lust hat zu einem guten Schwert,
Gutem Pferd und schönem Weibe,
Der hat kein Mannesherz im Leibe.

Sau ist ein ritterliches Thier,
An Muth und Kraft des Waldes Zier;
In Lieb und Kampf gleich ungebärlich,
Und jeder Ordnung so gefährlich,
Wie die Ritter alle es waren.

Jägervolk lebt meist im Grellen
Hat die frommsten und rohsten Gesellen.

Alte Gans und alter Has
Geben einen Teufelsfraß.

Der Amorbub ist männiglich
Als Scharfschütz wohlbekannt,
Drum haben ihn die Mägdlein sich
Zum Kammerjäger ernannt.

Wer dürstet, wenn ihm der Becher schäumt,
Wer lieben kann und es verträumt,
Wer jagen kann und es versäumt,
Wie sonst gemacht sein Ruf auf Erden:
Es kann doch nur ein Narr draus werden.

Weidmann Weidmann sag mir an,
Was ist weißer denn der Schnee,
Was ist grüner denn der Klee,
Schwärzer denn der Rab,
Und klüger denn der Jägerknab?

Das kann ich dir wohl sagen:
Der Tag ist weißer als der Schnee,
Die Saat grüner als der Klee,
Die Nacht schwärzer als der Rab,
Schön Mägdlein klüger als Jägerknab.

Ho ho ho mein lieber Weidmann unveracht
Sag an was hast vor sieben Hauptzeichen betracht?
Ho ho ho mein lieber Weidmann rund
Den Zwang und Ballen thu ich dir kund
Woraus der Burgstall klar sich findet
Der Abtritt dessen Grüne oder Welke sich damit verbindet.
Der Schrank und der Schritt
Die Oberrücken mit
Hindurch bei schnellem Fliehen
Als auch bei sachtem Ziehen
Kann ich den edlen Hirsch erkennen
Und auch nach seiner Güte nennen.

Dies Haus baute ein Baumeister
Olivier Pawelt heißt er.

Den Plan hat mit Bedacht
Frau Fürstin selbst gemacht.

Bilder malen ist sehr schwer,
Sie verkaufen noch viel mehr.
(Atelier eines Malers in Dresden.)

Gott ist der Arzt, ich bin sein Knecht,
Gefällts ihm wohl, so mach ichs recht.
(Sprechzimmer eines Arztes in Wiesbaden.)

Am Ofen.

Wer stark mit Frost umgeben
Erquicke hier sein Leben
Wer aber hungrig ist
Der geh zu einem Tisch
Der wohl mit Speiß bedeckt
Alda wird er erquickt.
Wer geistlich hungrig ist
Der flieh zu Jesu Christ
In seinen ofnen Armen
Wird auch sein Seel erwarmen.

(Turbenthal.)

❦

Wenn Einer Tausend tugent üebt
Und nur ein einigs Laster liebt
Wirdt die Tugent übergangen
Und das Laster aufgehangen. (Wald.)

❦

Wer hofft in Gott
Wird nicht zu Spott.

(U. Stammheim. 1679.)

❦

O daß ich könnt ein schloß an Myn
mund legen und ein vest siegel uff
myn maul trücken daß ich dadurch
nit in fal keme und myn Zung mich
nit verderbte. (Turbenthal.)

❦

Gedult das beste ist in allem Kreuz und leiden,
Macht das von Gottes Huld kein Trübsal uns mag scheiden.
(Bülach. 1675.)

❦

Gott liebet alle Arbeitsamen
Und segnet ewig ihren Samen.
(Ottenbach. 1797.)

❦

Trink ich Wasser so muß ich sterben
Trink ich Wein so muß ich verderben
Noch besser ists vom Wein verdorben
Als von dem Wasser gar gestorben.
(Wyla. 1660.)

❦

Ich hab mein Rebberg gar versoffen
Und kann jetzt auf den Herbst nichts hofen
Doch hab den Vortheil ich dabei
Daß ich von hacken auch bin frey.
(Ebenda. 1660.)

❦

Gottes Gnad und gesunden Leib
Saubers Bett und Schönes Weib
Täglich Brot und guten Wein
Was kann auff Erden bessers sein.
(Embrach.)

❦

Es ist Alles Eitel,
Ussert nur 3 Stük allein
Hübsche Mägden guter wein
Und ein voller Bütel.

Hab ich die so bin ich froh
Und Sprech auch wie Salomo
Es ist alles eitel. (Elgg. 1814.)

❦

Zu rechtem Gebrauch gibt Gott dem Menschen den Wein,
Drum soll er nicht ein versoffener Bachus sein.
(Neerach. 1636.)

❦

Eh ich ließ meinen schatz
Ließ ichs Leben auf dem blatz.
(Ostelsheim. 1780.)

❦

Wer sich hält nach Ort und Zeit,
Wirket sich ein warmes Kleid. (Winterthur.)

❦

Wer Schätz im Himmel sammeln will,
Der geb den Armen freudig vill,
Wer arme Kranke sauer ansicht,
Erlangt keine Gnad im jüngsten Gericht.
Gott allein die Ehr.
(Unter-Albis zwischen Zürich und Zug.)

❦

Den Hund der Knüppel bündig macht,
Zuchtruth der Jugend legt die Pracht.
(Schloß Ortenstein.)

❦

Korn und Kern
Halten Hungersnoth fern.
Bäcker, back tüchtig,
Richtig, gewichtig.
(Im Brothause des Rathhauses in München.)

❦

In der Schlafkammer. An Wand und Bett.

Der Mensch in großen Sorgen staht
Vorauß wan er gen schlaffen gaht.
Her Gott ich bit wach du für mich
So mag ich schlaffen sicherlich.   (Meerach.)

Laß dinen Engel bey mir bleiben
Und immer um mein bete stehn.
Laß ihn daß Unglück von mir treiben
Auf mich und alle frommen sehn
So schlaff ich sanft in Gottes hutt
Der auch im Schlaff mir gutes thut.
                                    (Brätten. 1814.)

Wenn ich sehe, wie schön
Weiß und roth die Rosen stehn
So gedenk' ich weiß und roth
Ist mein Breutigam und Gott.
                                    (Bauma. 1755.)

Das Schlafgemach dient müdem leib,
O Herr, der Sünden Schlaf vertreib.
                                    (Niederwenigen.)

Ut somnus mortis sic lectus imago sepulchri.
Der Schlaff den Tod bildt vor, das Bett die Todesladen,
Drumb allzeit wacker sey, daß du nicht komst in schaden.
              (Bett des Nikolaus Rhodigius. Schweiz.)

Der Schlaff des Todes bruder ist,
Wach auf zum Leben wärther Christ.
Cum Christo surge et ambula. (Basel.)

❧

Ach fliehe lieber Mensch aus diesem Weltgetümmel,
Geh in dein Kämmerlein, das sei dir als ein Himmel,
Darin du lesen sollst auch beten und betrachten
Beweinen deine Sünd und lernen die Welt verachten.
(Brütten. 1803.)

❧

In deinem Namen schlaf ich ein
Laß mich dir Herr befohlen sein.
(Wirthshaus in der Ramsau.)

❧

Ein jeden soll man nit gewehn,
Zu früh des Morgens aufzustehn,
Man laß ihn sein Zeit schlafen aus,
Es wird sonst ein Fantast daraus.
Wen Gott der Herre lieben thut,
Im Schlaf bescheert er ihm sein Gut.
Ich schlaf oft an den hellen Tag
Und schaff damit doch wenig Rath.
(Frankfurt a. M.)

❧

Gott woll im Lebensbuch dereinst den Tag nicht lesen,
An welchem ich nicht sein und auch nicht mein gewesen.
(Thüringen.)

❧

Ich schlafe, wache du,
Ich schlaf in Jesu Namen,
Sprich du zu meiner Ruh
Ein kräftig Ja und Amen.
Und also stell ich dich
Zum Wächter über mich.
       (Deckenpfronn.)

🟊

Leite unsre Tritt und Schritte
Und erhöre unsre Bitte,
Und befördre nach der Zeit
Uns zur sel'gen Ewigkeit. (Ebenda.)

🟊

Ihr Engel kommt, deckt meinen Ort
Mit eurer Flügel Wacht,
Ich schlafe schon, doch noch ein Wort:
Mein Jesu, gute Nacht. (Ebenda.)

🟊

Je länger je lieber ich bin allein,
Denn Treu und Glauben ist worden klein.
       (Konstanz.)

🟊

Meine Augen schließ ich jetzt in Gottes Namen zu,
Dieweil der müde Leib begehret seine Ruh,
Weiß aber nicht, ob ich den Morgen werd erleben,
Es möchte mich vielleicht der Tod noch heut umgeben.
       (Mehna in Altenburg.)

🟊

Walt's Gott, mein Werk ich lasse,
Die Sonne feierabend meld't,
Sie hat vollendet ihre Straße,
Schleicht wieder in ihr Zelt.
So mögen auch meine Sachen
Anstehen diese Zeit,
Ich will feierabend machen
Mit schuld'ger Dankbarkeit. (Ebenda.)

Die da schlafen auf Einem Kissen,
Bekommen einerlei Gewissen.
(Sauerland.